武生活 KUNG FU

30天轻松学会咏春拳

PICK UP WING CHUN IN 30 DAYS

◎梁旭辉 著

辽宁科学技术出版社
沈 阳

图书在版编目（CIP）数据

30 天轻松学会咏春拳 / 梁旭辉著 .—沈阳：辽宁科学技术出版社，2012.5（2022.2 重印）
ISBN 978-7-5381-7198-3

Ⅰ. ① 3… Ⅱ. ①梁… Ⅲ. ①南拳 – 基本知识 Ⅳ. ① G852.13
中国版本图书馆 CIP 数据核字（2011）第 216918 号

策划制作：深圳灵智伟业（http://www.szgreat-wisdom.com）
总 策 划：朱凌琳
设计制作：闵智玺

出版发行：辽宁科学技术出版社
（地址：沈阳市和平区十一纬路 29 号　邮编：110003）
印 刷 者：辽宁新华印务有限公司
经 销 者：各地新华书店
幅面尺寸：170mm × 240mm
印　　张：10.5
字　　数：200 千字
出版时间：2012 年 5 月第 1 版
印刷时间：2022 年 2 月第 5 次印刷
责任编辑：朱悦玮　众　合
责任校对：合　力

书　　号：ISBN 978-7-5381-7198-3
定　　价：35.00 元 (附DVD 光盘 2 张)

联系电话：024-23284376
邮购热线：024-23284502

推荐序 FOREWORD

叶准、冼国林、杜宇航、陈嘉桓序

咏春始于师祖严咏春氏，衍于梁赞大夫，盛于先父叶公继问。所谓盛者，张皇幽妙，推而广之者也；叶问公之于咏春，绝类离伦，居功至巨，未有可与匹敌者。

近年叶问电影之流行也，先有“叶问”，再有二集，“前传”又接踵而至，遂成我武热潮。于是欲习咏春者，望门若渴，而传艺者亦如春笋之生之雨后；香江如是，禅城如是，环宇亦如是也。同门梁君旭辉，于斯时而有是书，实审时应世之举。

梁君为叶问公再传弟子，于咏春自有心得；而梁君亦为佛山精武体育会会长，夙负盛名，广结武林同道，于相观而善，如切如磋之际，自然学多识广。是书之面世也，实为武林美事；初学者手执一本，进益良多，可以料焉。

是为序，并以奉贺云。

八八老人叶准

中国武术举世闻名，为中国国粹之一；而咏春，更是中华文化当中不可多得的瑰宝。在全球化的影响下，中国武术经常出现于许多电影或电视节目之中，更被欧美社会视为中国重要文化之一。我辈有缘习得咏春拳，是上天的恩赐，理应反馈社会，并将咏春推广至全中国，乃至全世界。因此，咏春联会的成立，正是为了肩负起这重大的使命。《叶问》电影系列的诞生、佛山国际咏春邀请赛的开展以及将来咏春武术段位制的设立，也是为了这相同的理念。

为这门国粹作全面的推广需要良好的伙伴，梁旭辉师傅及佛山精武体育会为此一直不遗余力，例如这次出版《30 天轻松学会咏春拳》就将佛山咏春的发展史、现况及展望整合成书，助市民大众更有效了解咏春文化及典故。梁旭辉师傅对武术推广的热诚及贡献实在令人敬仰，亦是我辈中人的学习典范。在此，谨祝梁旭辉师傅著作，一纸风行，名扬四海。

世界咏春联会副主席

香港咏春联会主席

《叶问》电影系列出品人——冼国林

我自少便学习中国武术，它一直陪伴着我成长；而武术亦是中国社会重要的集体记忆之一，所以我一直希望能够广泛宣扬这种深远悠长的中国文化。

我有幸主演一部能成功融合武术的电影——《叶问前传》，实在是获益良多。该电影除了让我将中国武术推广给全世界外，还借此认识了一些对武术充满热诚的同道中人，而能文能武的梁旭辉师傅正是当中的佼佼者。

除了电影这种效果显著的媒体外，其他的宣传渠道亦不可忽视，梁师傅今次以文字记录了佛山咏春的文化、历史与展望，而且进行了全面详细的咏春技法的介绍与演示，让世人以另一种方式重新认识咏春，实在是不可多得！

推广武术的人需要很多的耐性，为了进一步宣扬咏春这门学问，我想梁师傅这本《30天轻松学会咏春拳》绝对可大派用场。

咏春推广大使

《叶问前传》男主角——杜宇航

在拍摄《叶问前传》的时候，最令我难忘的事就是认识到梁旭辉师傅，在电影中，他饰演80年前的精武体育会会长，也饰演我的干爹。而现实中，我所认识的梁师傅除了以行动宣扬咏春，现在更以文字支持这种中国武术，令我十分敬佩。

梁师傅在书中将佛山称为中国武术之乡实在令我心有同感。当我在佛山拍摄《叶问前传》时，看到这里到处都渗透着浓厚的武术气息，平凡如晨运的人都在练功夫！身为冼国林师傅的咏春弟子，看到梁师傅在书里提到有关叶准师傅成立世界咏春联会的相关事迹，更是倍有感受。

最后，我在此衷心希望梁师傅的新书能够继续宣扬咏春文化，同时亦希望那些对练习咏春有兴趣的朋友可以关注这本书。

咏春推广大使

《叶问前传》女主角——陈嘉桓

祖
廟
咏春拳

自序 PREFACE

这两三年佛山精武体育会接到全国各地的电话，几乎都是问有关咏春拳的。有的打听过来佛山学拳的详情，有的想邀请佛山师父到北方传授咏春拳，还有的想来看佛山的“武馆街”……要求五花八门，都是冲着一个名字：叶问，或一种功夫：咏春拳。

于是在这两年的暑假里，佛山的咏春师父都忙不过来，因为有很多学生放假后就学咏春拳。

这都是《叶问》系列电影带来的效应。对于佛山咏春拳来说，却似乎是一个迟到的春天。因为佛山咏春拳已经有近 200 年的历史了，从来没有现在这么火爆过。

咏春拳在海外早已十分流行，并已经形成成熟的产业，在产业的基础上，又逐渐形成一门应用学科，广泛应用于社会的各种领域。

佛山咏春拳还保持着较为原生态的武馆文化，注重拜师，强调个体的传承，传统文化的底蕴非常深厚。在佛山，练功夫是生活的一部分，并未成为大多数师父们主要的职业。

所以很多时候我很抱歉地跟外地的朋友说：“对不起，我们不能为您在佛山学习提供食宿；佛山的师父都是业余教学，有自己的职业，不能去到外地；佛山如今也没有武馆街供您游览，武馆和高手都隐藏在不起眼的地方……”

显然，佛山咏春拳的现状已经远远满足不了当下国人对咏春拳的需求了。作为佛山咏春拳的传承人，我感到责任的重大和时间的紧迫。

本书的撰写和出版是我进行国内咏春拳产业化和学术性的一个尝试。我在港台和国外看到有关咏春拳的书籍、音像制品种类繁多，而在咏春拳诞生的故乡还鲜有能与国外媲美抗衡的同类产品。因此打造出与国际水平相近甚至超越的咏春拳书籍，是我的愿望。希望这本书能够成为国内功夫类图书的先锋。

咏春拳是一种很简单实用的自卫搏击术，也是一种在世界上非常流行的运动方式。咏春拳人人可学，不分性别和年龄，也无论是否有功夫基础。实际上，没有任何武功底子的朋友往往更容易学会学好咏春拳。因为咏春拳是脱离任何功夫门派而独具一格的体系，不需要别的武功底子来辅助。而深造过某些其他功夫的朋友有时候会因为先入为主而把以前的功夫特征带进咏春拳的学习中，所以在练习咏春拳的时候请特别留意这一点。

我在学习咏春拳之前，曾经花很长时间研究其他的传统功夫。在接触咏春拳后，我发现

咏春拳是一种崭新的功夫，它的拳理别具一格，心法独特不落窠臼，需要从头学起。即便咏春拳里有一招半式与别的拳术相同，但我不认同咏春拳是由某一种拳术派生出来的说法。就如同一个新成立的股份公司可以有许多股东，但绝不能说这个公司就是某一个股东的全资子公司。

一个零基础的新人来学这一种崭新的功夫，很有可能更容易被塑造而提高得更快。我曾经做过一个试验，挑选了十名没有任何功夫基础且不知道咏春拳为何物的女大学生，集中强化训练一个月，结果她们都掌握了基本的应用方法，最后连她们的男同学都不是她们的对手了。所以快速学会咏春拳并非空谈，这本书的内容深入浅出，你完全可以在30天里轻松学会。当然，任何功夫都是练出来的，恒心和毅力很重要。

如果你想学咏春拳又暂时来不了佛山，那么这本书是你的好选择。当你打开这本书的时候，不要认为自己没有基础而气馁。请相信自己的能力，咏春拳是可以被你所掌握的。

梁旭辉

2012年2月于无忧堂

（右）意大利弟子SIMONE(中文名：西门飞龙，特种警察、非洲搏击术ARFFI AKEHISEF传承人)

目录 CONTENTS

目录 CONTENTS

咏春堂

第一部分

那些人、那些事
——咏春拳的源流与传承

咏春堂

咏春拳流传至今已有两百多年的历史。
是谁创立了咏春拳？
它是怎么传承下来的？
历史上又有哪些咏春风云人物？
他们有着哪些传奇故事？
在这里，
让那些人、
那些事重新鲜活起来。

一、严咏春，一个女人的传奇

中国武术自古以来宗派林立，每门每派都推崇一个创始人。
严咏春，这是一个在正史里找不到的名字，只存在于传说之中。
但是严咏春对于咏春门人来说，
其尊享地位不亚于少林拳的达摩和武当拳的张三丰，因为咏春拳以她命名，
更特别的是，她是一名女子。

叶问宗师在其撰写的《咏春拳源流》文字中，是这样介绍严咏春的：“先祖严咏春氏，原籍广东，少而聪颖，行动矫捷，磊落有丈夫气。自幼由父母做主，许字福建盐商梁博俦。未几母殁，父严二事被诬，几陷于狱，因是远徙川滇边区，居于大凉山下，以卖豆腐为活……时先师年已及笄，有当地土霸涎其姿色，恃势迫婚。父女二人日有忧色，为五枚法师廉悉其由。因怜其遇，许以传技保身，给该土霸俟解除梁氏婚约后始赋于归。由是即随五枚返山，日夕勤修苦练。技成，乃约土霸比武，卒将土霸击倒。自此五枚云游四方，频行殷殷诫以严守宗风，等婚后发扬武术，同佐反清复明大业。综合过去事迹，知咏春派拳术，实宗于五枚法师也。先祖师既婚，首传技于夫婿梁博俦……”

上述短短数百字，已经可以让影视导演们拍出许多精彩的作品来。但是叶问宗师撰写这些文字的初衷，只是为了让门人了解本门传承，并无编写剧本之意，当年以教拳为生的叶问宗师更无料到他身后的无上荣光，所以我们理应尊重叶问宗师的原意，不必苛求他在某些考据上的缺陷。至于有关咏春拳源流秘密的进一步探究，我会在以后的文章中披露。事实上，有关咏春拳的源流，并不限于叶问宗师的一家之言，尚有众多佛山咏春派的不同宗支，亦以严咏春为始祖，毕竟民间乡野相传也是一种记载方式，暂不一一细说。在这里我想说的是，我们可以从这个引人入胜的传说中，找到一把开启学习咏春拳之门的钥匙。

五枚师太授艺严咏春

这把钥匙一面刻着“巧”字，另一面刻着“快”字。

假如严咏春没有遇上五枚师太，无论如何“行动矫捷，磊落有丈夫气”，都无法打败昂藏七尺的地方恶霸，因为生理原因男

蛇鹤斗法创咏春

女气力相差甚远。然而当严咏春学会了功夫就不同了，所谓功夫，在打斗时候就是技术，技术就是方法，好方法就是巧方法，巧就是“以柔克刚、以弱胜强”。灵巧的小姑娘才可以击败大力猛男。作为高手中的高手，五枚师太深知此理，而她教给严咏春的拳法，自然是可以发挥女子的最大潜能，来攻破强大的对手。咏春拳的“巧”，在于有与众不同自成一格的近身搏斗体系，包括特有的手法、脚法、步法和与之匹配的战斗心法。

所谓“快”，并不是指咏春拳出手很快，而是“速成”的意思。咏春拳因巧而快。只要你掌握了正确的法度，你就有可能在数月之内成为一个高手，今日所学今日可用。试想，一个“涎其姿色，恃势迫婚”急于娶亲的土霸怎么可能让严咏春慢条斯理地练功呢？所谓及笄之年，指女子到了婚嫁的年纪，一般都是十七八岁以后。假如上山练功需要十年，那么严咏春下山就快三十岁了，那个年代恐怕土霸也不愿意娶个“剩女”吧？

当世界上有一种武功，不需要以力斗力取胜，又可以在短时间掌握，这么好的功夫，人人都想拥有。可是，严咏春只收了唯一的弟子，就是她的夫婿梁博俦。咏春拳，顾名思义就是“严咏春打的拳”。成就严咏春一生传奇的有两件事：一件就是从五枚师太那里学到了独门功夫打败了恶霸；另一件就是把这种“女人拳”传给了她的男人，以后她的男人又传给另外的男人。从此，咏春拳造就了许多英雄人物，而今，咏春拳已经令全世界无数男人为之着迷。

严咏春嫁给了梁博俦，把咏春拳传给了夫婿，从此咏春拳跟梁姓宗族结下了不解之缘。梁博俦之后的传人中，由梁兰桂传梁二娣。从名字上看，梁兰桂和梁二娣是女人名，其实都是“纯爷们”。梁二娣又教了唯一的同姓弟子，这名弟子日后成为佛山咏春拳之集大成者，令咏春拳名震江湖，他就是梁赞。

二、医武双绝，“佛山赞先生”

梁赞原来不叫梁赞，本名叫梁灿成；
梁赞原籍也不是佛山，而是距离佛山不到一百公里的鹤山。

梁灿成，字德荣，生于清朝道光乙酉年十一月十五日（1825 年 12 月 24 日）子时，梁氏家族第二十世，世居佛山（载于《梁慎远堂族谱》）。其旧居有几处，都在现在的佛山市禅城区旧区，如升平路的松桂里、建新路的善庆坊、人民路的高闸门等，不过这些旧居都在早年的旧城改造中被拆掉了。

梁灿成是一位武学大家兼名中医，他开的医馆兼武馆叫荣生堂，原址在现在的佛山市禅城区升平路 95 号（以前的快子大街和快子正街之间），房屋已毁。因其医武双绝，艺德双馨，赢得街坊乡里的一片赞颂，由于佛山口音“灿成”与“赞生”相近，“赞生”即“赞先生”之意，所以后来大家约定俗成都把“梁赞”叫开了。

在梁赞之前，严咏春、梁博俦伉俪行走江湖，将咏春拳由川滇带至两广，故后来在广西、广东都有咏春拳的踪迹。梁博俦把咏春拳教给梁兰桂（极有可能是同族的梁氏宗亲），梁兰桂又传给粤剧红船中的黄华宝、梁二娣。以上诸人都是浪迹江湖的游侠，居无定所。从咏春拳源流隐藏的脉络来看，咏春拳从五枚师太到黄华宝、梁二娣这几代传人，都与背负“反清复明”使命的秘密组织“天地会”有关，他们都是“天地会”的高手。到黄华宝、梁二娣这一代，在粤剧红船的戏班里更是出现了一个首领人物叫李文茂，他在清朝咸丰四年（1854 年）率领粤剧伶人和天地会的会众，组成“红巾军”发动起义，在广州、佛山附近与清军交战，声势浩大，后转战广西于浔州（今桂平）建立“大成国”自称为王。在清朝道光版的佛山地图中，佛山的大基尾码头边有一座“琼花会馆”，表面上是红船靠岸后粤剧伶人落脚集聚的行会，实际上是天地会在佛山的总部机关。传说梁赞就是被梁二娣带到琼花会馆里面，经过了天地会的一整套歃血宣誓仪式之后，被正式收为咏春派弟子。

梁赞跟梁二娣学习了一段时间，梁二娣又把他介绍给自己的师兄黄华宝，让梁赞得以深造咏春拳。梁赞天资聪颖，很快把黄梁二人的咏春拳化为己有，尽得精髓。此后，因为天地会的关系，梁赞去广西，找到老年的严咏春、梁博俦，在严咏春家中盘桓数月，得到严咏春的悉心调教，授予五枚师太秘传的梅花步法和吐纳调息内功，技艺大进。据梁赞后人讲，其旧居之中，神台上一直供奉“咏春三娘”严咏春的木像，以志不忘先师祖教诲的恩德。

梁赞真像（梁赞曾孙梁文乐先生提供）

据梁赞的当今后人介绍，梁家代代相传，梁赞喜欢用掌多于拳，擅长使咏春拳“寻桥”中的“双飞蝴蝶掌”而独步江湖。从拳理上讲，出拳的威力大于出掌，梁赞深知咏春拳犀利，对比武

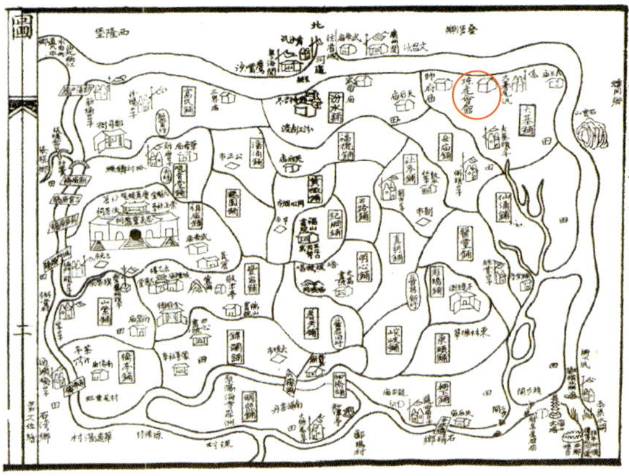

佛山清道光市区图

佛山清朝道光年间的市区图，右上可见琼花会馆的位置

的对手多有恻隐，出手时掌风击到对方身体即停，蓄劲于掌心而不吐，令对手无不折服而退，不若出拳时寸劲透出，较难留手而致人于死伤。其武风类其医德，尽显宗师风范。

梁赞将不同师父的咏春拳融会贯通，并青出于蓝。在他的整理下，咏春拳的徒手套路被明确固定为小念头、寻桥、标指，分别遵循初级、中级、高级的阶梯序列。他将木人桩由红船上搬到自己家中固定在地上，将黐手的地方由红船的甲板换成八仙桌，并将六点半棍和八斩刀融入咏春的兵器体系，以自己的中医跌打知识增加了许多点脉手法，辅以经络的运气调息功法，内外兼修，从此确立了佛山咏春拳完善的体系。这个体系一直传承至今，所以后人称梁赞为“佛山咏春开山宗师”，乃实至名归。

梁赞挟咏春功夫，对上门挑战来者不拒，又路见不平行侠仗义，惩戒村霸恶徒，屡战屡胜；而对贫苦弱者，则悬壶济世，施医赠药，在佛山、肇庆、广州一带留下无数脍炙人口的英雄事迹。时佛山为镇，隶属南海县，故梁赞被誉为“南海拳王”，坊间又称“佛山赞先生”。

据《梁慎远堂族谱》记载：梁赞“善术岐黄，心存济众，人有疾厄相求，千里不辞跋涉，遇有贫而无告者，必助之药费，所以时人亦感公不少也。”“公性仁慈，戒杀放生，刚烈正大，兼擅武艺，名噪当时。公常曰：人无善性莫学拳术。所以乏传衣钵。”

赞先生红船战清兵

梁赞卒于光绪二十年甲子五月二十七日（1894 年 6 月 30 日）未时，寿享六十九岁，葬于佛山。梁赞传下的弟子有限，故事里有猪肉桂、木人华、流氓奇等，未见经传，但出现在小说和影视里。而真实中的梁赞之次子梁碧和以及徒弟陈华顺，则教出了另一个一代宗师：叶问。

三、咏春，叶问

叶问，本名叶继问，广东南海县（今佛山市南海区罗村）人，
生于清光绪癸巳年九月初五（1893年10月10日），家中排行第三。

1949年的叶问

叶问 11 岁时，适逢梁赞徒弟陈华顺租用位于桑园大街（现佛山市禅城区莲花路）的叶家宗祠作为武馆授徒，叶问得以成为陈华顺的关门弟子。然而仅仅不出三年，陈华顺因病去世，临终前，陈华顺嘱咐得意弟子吴仲素继续栽培小师弟叶问。吴仲素谨遵师命，对叶问爱护有加。当时叶问与阮奇山、姚才经常在普君墟线香街的吴仲素武馆习练咏春拳，三人十分投契。以致日后三人打出名气，被称作佛山的“咏春三雄”，此乃后话。

叶问在 15 岁时，前往香港求学，就读位于赤柱的圣士提反书院，时值香港为英国殖民地，学校亦奉行英式教材，所以叶问在港四年受到的是西方现代知识教育，尤其是几何、物理等，对其日后于咏春拳理的重新理解和授徒教学方法改革，均产生深远的影响。

机缘巧合，叶问碰上了梁赞次子梁碧和（影视作品等多为梁璧、梁壁或梁碧，皆误）。梁赞在世时，梁碧和就已经在香港做生意，经营日用杂货。梁赞有三房太太，子女众多，但完整传承梁赞咏春拳心法的只有梁碧和。当时叶问在学校遇到印度籍人欺侮华人，叶问抱打不平，施以咏春拳痛打该外籍人。后来叶问多有炫技，此事传到梁碧和耳中，梁碧和便将叶问找来训斥一顿，叶问不服，提出与梁碧和验证武功。叶问自恃年少有成，起初未将老人家放在眼里，岂料一经搭手，瞬间便被梁碧和以巧劲打倒。待梁碧和说出家乘，叶问才知道原来败在师伯手下。梁碧和爱惜叶问是难得的玉璞，便倾囊相授，叶问随梁碧和深造近三年，尽得梁赞的家学秘传，包括点脉解脉的书籍、完整的木人桩法和梅花步。除学了完整的赞先生咏春体系外，叶问还在梁碧和身上学了许多做人的道理，成为儒雅内敛的武者，而非好斗鲁莽的武夫。待学成回到佛山，叶问已经晋身岭南一流高手之列。

中年的叶问一直在佛山的警界工作，在抗日战争佛山沦陷期间，受广东省第一区抗日游击纵队特务大队的大队长胡家辑邀请，以咏春拳训练抗日特工，投身救国战火。至 1945 年抗战胜利，叶问已 52 岁。

1949 年，叶问只身前往澳门，半月后到达香港，于次年开设第一个咏春训练班，从此全心授徒。如同影视作品表现的一样，叶问初到香港，生活的确非常潦倒，为生计只能依靠平生所学的功夫来教拳为生。最初的学习班开设在九龙大南街饭店职工总会，家师张卓庆这样形容当时环境：“学习班位于一座商业公寓大厦的一楼，实际上是香港饭店工会的俱乐部会所。房子的结构也很简

叶问就读过的香港圣士提反书院

单，休息室在前厅，中间有 3 个小睡房，后面是厨房。在香港，土地是最昂贵的商品，休息室只有 35 平方米，同时它还是我们训练的大堂。当时谁能想到，这个斗室，就是培养出一群咏春骁将的摇篮……"

之后，叶问先后在香港多个地方辗转教拳，如海坛街、油麻地利达街、李郑屋村、兴业大厦、大生饭店阁楼等。

1955—1958 年，家师张卓庆当时仍读中学，为专心学拳曾搬去与叶问共住，虽然距今超过半个世纪，但张师父对当时艰苦岁月记忆犹新。其时香港淡水供应紧张，居民需经常挑着水桶到街口固定取水点排队，某次六个"水霸"意欲收取老实街坊的"排队费"，叶问气愤出言相斥，"水霸"自恃人多，粗口之下公然动手，想"教训"这个毫不起眼的瘦削老头。不料叶问以手中"担挑"（广东扁担），使出咏春绝技"六点半棍"，"啪、啪、啪"棍响处一片哀号。待张卓庆闻声冲到，叶问已经打倒两个！其余抱头鼠窜而逃。此即在本系门内饶有趣味的"六点半担挑"典故。

20 世纪五六十年代，香港汇集南拳北腿，门派林立，其时功夫在大陆因为"文化大革命"运动被禁止公开教授，但在香港武馆文化却得以蓬勃发展。叶问之所以在香港这一卧虎藏龙的英雄地能够迅速崛起，跟他的不少弟子靠实战"讲手"打出名堂有莫大关系。那时候私人公开斗殴亦不为法律允许，为避嫌疑，各门派之间的切磋比武以"讲手"代之，取相互友好交流之意。在多次"讲手"之中，咏春门人多占上风，令咏春拳和叶问声名鹊起，除证明咏春拳本身确实犀利外，叶问能够以现代理念培养弟子成为人才亦是关键。不少武术门派，多有宣传自身功夫体系博大精深，甚至融入阴阳、五行、八卦等元素，动辄引用河洛图、易经等艰涩难懂的内容，令学者如坠云山雾海、不得要领，如此往往耗费师父和弟子的许多精力及光阴，而对实战又无太大作用。叶问由于具备受过西方科学启蒙教育的经历，加上在香港他大量招收咏春弟子，不受门派旧传统束缚，因此叶问可以在教学中摒弃许多传统的繁文缛节，突破窠臼，代之以新颖的力学、运动学概念融入，通俗易懂，令弟子活学活用、快速上手。事实上，当徒弟日渐增多，叶问无暇兼顾，往往令早期的弟子来教新入门的师弟，如李小龙便是由其师兄黄淳梁和张卓庆教得最多。

叶问在教学中除坚持去繁就简以现代理念替代陈腐传统外，还在基本功的训练上对弟子要求尤为严格。据说当时场地狭小，众师兄弟总会提早占位，虽然如此，每人还是只能占几块阶砖的地方。好在咏春拳动作幅度小，大家相互侧身也能相就。夏天酷热，个个汗如雨下，每次练完功，各人所站立的阶砖皆是汗渍一片，而叶问看到滴汗最多的那块阶砖，总是表扬站在那块砖上练功的弟子。弟子们都知道叶问不喜欢偷懒的学生，所以练功特别卖力，故此叶问门下迅速培养出一批基本功扎实又善于实战的弟子，各有造诣。其弟子以这种简约、实际的教学体系再教弟子，无怪乎叶问门下可以“批量生产”能征惯战之辈，令至今全世界的叶问咏春门人达到近千万之众。

如今，全世界上万家叶问咏春的大、小练拳场所，中央显著位置都悬挂叶问的照片，照片两侧都会有这样的对联“咏春传正统，华夏振雄风”。这十个字便是叶问一生的写照。

20世纪50年代初叶问生日切蛋糕与门人合影（右上最高者为张卓庆）

四、“终极战士”张卓庆

张卓庆师父，生于1940年10月，祖籍广东普宁，
是佛山咏春拳叶问宗师在香港的早期入室弟子，
也是国际武打巨星李小龙最亲密的师兄，
被李小龙称为叶问咏春门下的“终极战士”。

张师父曾任澳洲武术协会会长，现任全球正统咏春功夫总会会长，佛山精武体育会客座教授、佛山科学技术学院体育学院客座教授。

张师父出生在一个大宅门，他的父亲张荣锦先生在20世纪四五十年代担任香港新界华人总探长，膝下子女甚多，张卓庆为其第三子。

张卓庆在十岁出头时与家中两个哥哥和一个弟弟一起，拜入佛山咏春拳叶问门下学习。对于五十多年前的咏春第一课，张师父如今仍然记忆犹新，他在《正统咏春》一书中写道：“我和我的兄弟放学之后就去训练，我们大概下午4点钟的时候到达咏春武馆。叶问师父接见了我们，交代了一些学习的必要手续，例如学费方面的事宜。然后他叫师兄徐尚田给我们开拳，徐师兄演示了小念头第一部分开始的基本动作，叶问师父吩咐我们跟着师兄照样做。在接下来的3个小时，我们这些新人只是不断重复地练习二字钳阳马和日字冲拳的动作。我们都怀着极大的热情和兴趣，对于希望能够从叶问师父那里学到正宗的功夫心法，我们甚至忘记了连续好几小时重复训练基本动作的疲劳和无聊。这样的训练持续了好几个星期，然后徐师兄才教给我们接下来的一组动作。直到6个月之后我们才学完了小念头的第一部分。”

少年李小龙则是在街战失利及受张卓庆的影响而决定投入到咏春门下。因为李小龙感觉到张卓庆的功夫犀利了许多，原因是他开始学习了咏春拳的缘故，所以在张卓庆的带领下他亦正式拜入了叶问宗师的门下。1955年的一天，张卓庆带着好朋友李小龙拜见叶问，当时他们都是15岁。由于两个青年有着兄弟般的友谊，张卓庆和李小龙经常聚在一起研究实战技法，而李小龙日后应用于功夫电影中的许多打斗动作，很多也有早期与张卓庆在街头实战的影子。当时在叶问旗下，张卓庆、李小龙和师兄黄淳梁被称为战无不胜的“铁三角”。

1981年的张卓庆师父

“张家班”兄弟四人以张卓庆对咏春最为痴迷，他刻苦地练习，进步神速。很快他的功夫已经超越了自己的兄长，以及不少比他先学的师兄。在1955—1958年间，张卓庆搬去和叶问住在一起，一边侍奉师父一边全面学习咏春拳，在这段时间张卓庆得到叶问师父的私家传授。20世纪60年代，在同门师兄弟纷纷开武馆自立门户的时候，他却不为所动。张卓庆一直怀

着对师父的感恩，恪守着自己的态度，直到 1973 年，即叶问宗师去世后的第二年，张卓庆才在澳大利亚墨尔本的唐人街成立了属于自己的咏春学校。

955年张卓庆与李小龙

1959 年的新年，张卓庆依依不舍地告别叶问师父和李小龙，离开香港到达澳大利亚求学。数年后，他在堪培拉大学里修完了文学和经济学的双学位，毕业后他在海关做缉私工作，属于政府公务员。这对于当时在澳大利亚的华人来说，是很难得的职位。但当他发现他要缉捕的对象多数是华人时，便陷入了情义两难的境地，最终因为难以割舍民族情感而申请去了人口调查局。然而数年后张卓庆最终还是辞职了，因为他觉得这些平淡无奇的工作不适合他，他向往更自由的生活。1971 年张卓庆在堪培拉开了一家旅馆,叫做“龙之客栈”，生意不错。但是在 1972 年 12 月获悉叶问宗师去世后，张卓庆忽然感到一种责任的存在。他毅然结束了旅店的营业，在 1973 年到墨尔本开设了专门教授叶问咏春拳的学校，走上了终生不悔的咏春之路。

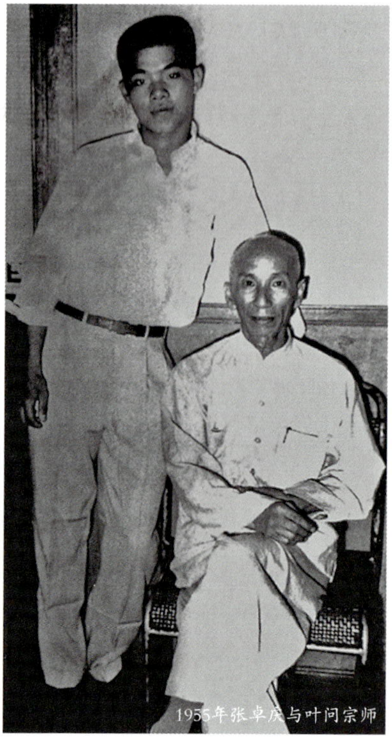
1955年张卓庆与叶问宗师

在 20 世纪 70 年代，华人在海外生存发展殊为不易。咏春之路充满荆棘，张卓庆师父遭遇过无数次与各国功夫高手的较量，用咏春拳捍卫着中国功夫的尊严；江湖险恶，他也经历过被人误解、谩骂甚至居心叵测地暗算，但所有的惊涛骇浪和艰辛困苦都无法阻挡一个信念坚定的咏春战士的脚步。1984 年张师父在美国哈佛大学演示功夫，创造了 1 秒钟连环冲拳击出 8.3 拳的世界纪录；20 世纪 80 年代中期，张师父应邀到美国第七舰队日本冲绳基地教授美国海军陆战队以及海豹突击队功夫。数十年来，他开设的连锁式咏春功夫学院遍及世界许多地方，他的徒弟徒孙获取的武术大奖数不胜数，连澳大利亚前任总理 Bob Hawke 都受教于他。张师父先后撰写多本论述咏春拳的英文著作，并被翻译成多种语言文字出版，同时应邀拍摄了多集亲自用英语讲解的咏春

2009年10月无忧堂众弟子为张卓庆师父在佛山祝贺70

2010年6月张卓庆师父（右3）携长子张家将（左3）与梁旭辉等重返家乡广东普宁祖屋寻根

拳教学片。他先后40多次成为《黑带》等世界各国顶级武术杂志封面人物，每年他都花半年的时间应邀到世界各地去巡回讲学或访问。

张师父同时是一位中医骨伤科名医，是澳大利亚维州注册中医师，受聘为广东省中医研究所客座研究员，他独创的中医康复及养生技术——CMT（张氏经络康复疗法）正在造福于许多人。张师父集文、武、医于一身，长期在澳大利亚、美国和其他世界各国弘扬中华传统文化，桃李满天下，功勋卓越，被世界顶级功夫杂志称为：大师中的大师。

张卓庆师父的母亲是佛山三水独树岗村人，所以他对佛山怀着深厚的感情。近年来，他每年都会千里迢迢回到佛山寻根。

每次回到佛山，除了指点佛山弟子的武功，张师父都和弟子商讨海外咏春拳如何回归中国，促进中国功夫产业化的战略问题。另外他多次去拜谒叶问纪念堂，拍摄佛山风光回去向海外宣传，同时还将一些当年叶问、李小龙的史料捐献给佛山祖庙文物管理所和叶问故乡罗村作研究。

海外赤子，落叶归根。2009年10月，张师父特地选择在恩师叶问的故乡佛山做七十大寿；2010年6月11—13日，张师父时隔60年回到家乡广东揭阳市普宁寻根问祖；同年他的生日期间，他又率领来自十三个国家的弟子六十多人访问嵩山少林寺，释永信方丈称赞张师父是“几十年如一日实实在在为咏春贡献的人”。现在，张师父将在海外发展的丰硕成果带回祖国，和佛山弟子共同建立起《咏春学》这一应用学科体系，将咏春拳提升到高等教育的学术理论，为培养中国的咏春高级人才继续奔忙。

张卓庆师父，称得上是生命不息，战斗不已；战绩辉煌，桃李芬芳；足迹遍全球，享誉海内外。

【附录】

这是一篇刊登在20世纪70年代初香港《新武侠》杂志上的文章，是叶问宗师的弟子黄淳梁所作，内容是专门讲述笔者的师父张卓庆学武的事迹，现在抄录如下，与读者共享，并以此表示本书作者受教于张卓庆师父的敬仰之情。

弓藏念将

黄淳梁

是期谈谈张卓庆，张为前总探长张荣锦先生之三公子，张敬纲之弟。张氏兄弟多人曾拜叶宗师门下，而张敬纲早年负笈澳洲，而卓庆年幼，仍留港学习咏春。是时不过十三岁，但生来体形魁梧，身高五呎十一吋，嗜武如命，且甚聪明乖巧，善解人意，深获先师喜爱，每于授技之余，犹不厌其详择要而教之。且彼绝无骄态，同门师兄素以亲弟视之，况当年同门不多，彼此义气相投，就像一家人一般，而当教者亦少，故彼此绝无猜忌，每于课余及工作之后，济济一堂共同练习，未见如今日互相挤兑者。由于卓庆天资聪颖，每于师兄弟搏击练习时，多以其年幼，常以较繁杂之方法进攻而弄之，但瞬即为彼所学会并加以运用以其人之法而反击，毋需执手而教者，苟非有天纵之才，绝难为此，所以在很短的期间当中，便有脱颖而出之势。且彼胆色过人，年轻好胜，少不更事，所以生事及比武之事，可说无日无之。当置身处于刀棍混合及十数彪形汉之搏斗中，以寡敌众，而全无惧色。当时之人多以“打仔庆”或“沙胆庆”（粤语“沙胆”即“大胆”之意）称之，由于他的年龄甚幼而有此造诣，当然很容易变成年纪相若辈的羡慕对象，渐渐学生辈争相投于咏春门下。而当日之李小龙亦随他往学咏春的，于是乎做成若干程度的咏春热。

陈非兄与卓庆甚稔，所以亦常于杂志报章提及。正如上文所说，每一家一族当其将兴的时候，总不免有一两番人才辈出，张卓庆就是其中之佼佼者。当然咏春是具有它的成功条件，正如一阕好曲如缺少一个懂唱的人，也不能使其娓娓动听的。可惜十年前卓庆已赴澳洲，在香港咏春台柱之中少了一根。

张氏在澳学成之后，在当地初任缉私工作，而当局对彼倚重甚厚，但所缉获的多是中国人，渐渐他对工作失去兴趣，求调往人口登记局。在彼邦之华人如遇外侮，多争相求助于张君，故当地之华洋人士鲜有不识其人者。闻说张君近亦有教一部分外国人士，在国外发扬。回顾今始，卓庆老弟对咏春派的发展是功不可没的。而其兄张敬纲早期亦曾为咏春尽过不少力，今倦鸟知返，在港向文学之途发展，但彼对咏春之热爱未因时而稍减，而卓庆在澳洲之消息，亦多来自彼处。

五、李小龙，从咏春拳到截拳道

李小龙属龙，1940年11月27日出生。
家里长辈按照迷信习俗为他取了一个乳名叫“细凤”，
据说是用这样一个女孩子的名字可以迷惑专门偷取小男孩灵魂的魔鬼。

李小龙

李小龙是个武痴，他对各种功夫都非常感兴趣，然而他最情有独钟的传统功夫，还是咏春拳。而李小龙能够学到咏春拳，完全是结识同龄的伙伴张卓庆的缘故。

1949 年李小龙 9 岁生日那天，只大李小龙 40 天的张卓庆由长辈带领去李小龙家里参加生日派对，由于是同龄的缘故，两个小朋友很快就熟络了。当时他们两个都想不到，日后他们会成为叶问咏春门下的两员大将。

李小龙在十四五岁的时候，跟几个年纪相若的少年组成一个叫“龙城八虎”的团体。这个小青年的组合并不是什么帮派，而是结成团伙以免被黑社会的人欺负。那时候在香港的九龙，青少年结成团伙是非常普遍的事情，而身怀功夫的青少年往往得到团体成员的尊重。当李小龙听说张卓庆已经学了一种“女人拳”之后，迫不及待地找到这个儿时的伙伴，了解这种在香港还非常少见的功夫。当李小龙见到这种虽不好看却很实用的功夫时，完全被迷住了，便央求张卓庆带他去学习。但是当李小龙要跟父亲李海泉拿学费去报名时，还经历了一些波折，原因是李小龙当时已经是一名电影童星，靠脸蛋吃饭，李海泉当然不希望儿子去参与一些有可能弄破脸蛋的事情来影响星途，然而在儿子不懈地要求下，父亲最后还是同意了。

1955 年的一个傍晚，李小龙放学后，在张卓庆的带领下走进了叶问设在油麻地利达街的咏春武馆。叶问看了一眼这个小童星，温和地笑了一下，接着问了李小龙三个问题：“你为什么想学咏春？”李小龙回答：“因为我觉得咏春是最好的功夫。”“那你打算学多久？”“永远。”“你打算用来做什么？”“我会用来教更多的人。”李小龙不假思索的回答令叶问惊讶了一下，原本叶问只是照例对新入门的学生问这三个问题，前两个问题很多学生的回答都是一样的，而第三个问题许多人通常都会说“用来强身健体防身自卫”之类。可是李小龙与众不同的回答让叶问心里着实感动了一下，久阅江湖的老人家看到了李小龙的眼睛里透射出来的坚定，叶问知道李小龙的答案并非敷衍或讨巧，于是叶问决定收下这个穿着时髦的小青年。

叶问除了第一批有限几个弟子，基本上都是让先入门的师兄教后来师弟基础的功夫。当时黄淳梁和张卓庆便成为李小龙的授业师兄，而且张卓庆也成为李小龙最亲密的训练伙伴。当李小龙认定学习咏春拳之后，练习非常刻苦。他每天放学都会从学校跑步去咏春武馆，为的是利用这段路程的跑步来热身以节约时间，这样就可以到达武馆立即投入拳术的训练。一般人学习功夫总希望一天学完整套，而李小龙却完全相反，他并不贪快，而是不厌其烦练习同一个动作，直到完全弄清动作的用法和运用纯熟为止。

李小龙对于咏春非常痴迷，也常常想出一些改进革新的方法。他很喜欢用双手拿着哑铃做日字冲拳来提高出拳的力量和速度，为了备战校际搏击锦标赛，他和张卓庆经常一起练习，并用零用钱买了拳击手套专门练习击打，因为咏春拳手一旦戴上拳击手套寸劲就很难使出，限制了咏春拳的力量，必须另想他法。李小龙让张卓庆拿着一个垫子在胸前，然后朝着垫子练习连环日字冲拳，结果小龙凭借着咏春拳的快速追打这一招赢得了校际搏击锦标赛的胜利。

李小龙甚至将咏春用到了恰恰舞里。1957 年，李小龙每天练完功夫就练习恰恰舞步，兴之所至，他居然把咏春拳的黐手用到跳舞中。当时他的舞伴是一个叫曹敏儿的女孩，也是他的初恋女友，他们曾经在舞厅里表演过这种独创的“黐手恰恰”。后来李小龙被勒令停止了这种表演，因为叶问知道后很恼怒，老人家接受不了文艺青年李小龙超越传统底线的创意和对咏春的“恶搞”。

1959 年 4 月李小龙离开香港到美国。初到美国的几年，无论是在西雅图的华盛顿大学，还是在加利福尼亚州奥克兰开设振藩功夫学校，李小龙主要以咏春拳的基本技法教授学生和用于比武，直到 1965 年之后开始构思一种新的搏击体系——截拳道。

一般认为李小龙之所以创立截拳道是因为他在某次比武中感觉咏春拳离开近距离之后无法发挥威力，这在李小龙生前接受美国《黑带》杂志的访问中有所披露：“我在旧金山曾经和一个有着三脚猫功夫的人打过架，交手几下后，那个家伙开始撒腿就跑。我像个傻瓜一样追着他，不断地击打他头部后面。很快我的手因为击打他坚固的头部而肿胀起来。在那时我才明白咏春不应该是那样子进攻的，我开始思考改变我的进攻方式……”

截拳道在微观的形式上一方面保留咏春拳的精华，比如消打同时、中线防御、骤发寸劲，等等，又移植了许多世界上不同功夫流派的技法，如北派武术高腿法、拳击技法、擒拿手法、柔术锁技，等等，十分齐全。但是更重要的是，在宏观上，李小龙解释截拳道是一种脱离任何功夫门派窠臼的技击思想，这种思想最宝贵的核心便是反传统的“自由”。李小龙在其武学笔记里说：“一旦你的生命在某个时刻受到威胁无法不自求防卫时，你能说‘先等我摆好架势，拳置腰际，再打好吗？’生命于危急时，你能仍拘泥于你往常所学的派别打法吗？还是应该随机应变？中国的武术不错是经过三千多年的演变与流传，但为何一个人非得依赖这三千多年的传统不可呢，传统可能告诉你什么是‘柔’，什么是‘稳’，但是真正用到时呢？他们的理想、原理唯有引向伪善之途罢了。由于不欲受侵扰而求稳定的心理，人们开始建立行动、思想的模式及规范，久之，人即变为此模式之奴，以此不实之模式为真了。某种动作的模式、规范使得参与者得以有一定的规则可循，这在拳击或篮球等运动中或是可行的。然截拳道则否，截拳道之精神当在自由之精义，是不该为任何模式所拘束的。许多武术家常盲目地接受其师父所传授的，结果造成了其行为、思想上的麻木和呆板。他的反应自是依循着已定的模式，使其心灵更加限制与狭窄……”

最后李小龙总结说：“截拳道并非致人伤残之法，而是一大道，朝向生命真谛追寻的坦荡大道。我们只有在了解自己时方足以看透旁人。而截拳道则是朝向了解自己之道而迈进。自觉与自知是截拳道之根本，它的功能效用不唯在个人武术造诣的成就上，更可使其用于思考如何做好一个真正的生存着的人。学习截拳道绝非单纯的对知识的寻求或是形式化的技巧的累积，而是在自我率真的表达上。一旦有人妄说截拳道是什么或不是什么，或是与什么又有所不同，那么，不妨就让“截拳道”这三字永远消灭吧！消除掉这虚有的名称，只让它的实质存在吧！截拳道只是个名称罢了！”

从咏春拳到截拳道，李小龙走过了一条脱胎换骨后再返璞归真的道路。他对武学追求的精神，以及对功夫的真知灼见，影响了无数人。他是一个旷世的奇才，他主演的几部电影带起了全球的功夫热潮，令“功夫”一词收录在西方人的词典里。20 世纪 70 年代，在许多西方人的心目中，备受崇拜的中国人有两个，一个是毛泽东，另一个就是李小龙。

叶问与李小龙

叶问授艺李小龙 邓燕平剪纸

咏春堂

第二部分

学拳先明理，一切从零开始

咏春堂

大千世界，
天地万物，
皆有其特性、规律，
功夫也不例外。
李小龙说：
以无法为有法，
以无限为有限。
要达到『无法、无限』的境界，
必须经过『有法、有限』的过程。
学咏春，如果单纯模仿电影里的动作，
虽然姿势有了，
却不明就里，
依然无法长进。
所以，学拳应先明理，
咏春拳是什么样的拳？
它的特点是什么？
要怎么练？

一、“女人拳”、“少爷拳”，变成时尚拳

梁旭辉带领同门练习咏春拳

叶问咏春无忧堂一直流传一个笑话。若干年前，一个咏春弟子在北方某地参加该省的传统武术比赛，参赛项目：南拳。当时在体育馆内，各路武林高手争相秀出本门绝艺，场上刀光剑影、龙腾虎跃，观众不时爆发出欢呼声和掌声。

咏春弟子初次参赛，不免在候场时摩拳擦掌、踌躇满志。终于轮到咏春弟子献技，只见他昂首阔步走入赛场，向裁判行了一个抱拳礼，稳扎了一个二字钳阳马，然后日字冲拳、摊手、圈手、佛掌、伏手……将佛山咏春拳徐徐展开。全场忽然安静下来，大家都惊讶于这种没有见过的拳术，稍后又窃窃私语、评头论足。场上裁判面面相觑、不明就里。咏春弟子见所有人都把目光聚焦在自己身上，更加精神抖擞、神情专注。正当咏春弟子沉浸在小念头拳演练当中的时候，总裁判忽然在裁判席上站起，拿起话筒一声大喝“场上选手马上停止，退到场外！请检录人员注意：不要再让选手把赛场当成热身运动的地方！”咏春弟子还没弄明白怎么回事，便被维持秩序的工作人员请出场外。事后当咏春弟子向裁判解释这是广东佛山著名的咏春拳时，裁判们无不哈哈大笑：“别逗了，有哪种功夫是傻站在原地，然后两个手在胸前甩来甩去的呢？这明明是老太太做的甩手健身操嘛！”这个笑话发生在《叶问》系列电影没有诞生之前，因为当时在中国大陆除了广东，其他省的人们基本上不知道咏春拳为何物，更不知道叶问是何方神圣。

咏春拳，相传自五枚师太创拳以来，严咏春传拳于夫婿，每代所传不过寥寥数人。到梁赞确立近代佛山咏春拳体系，也未将咏春拳广而授之。到叶问这一代，只是局限于一二十人掌握而已，故咏春拳长期被笼罩了一层神秘的面纱，外界一直不识庐山真面目。这种站立姿势和出拳动作极像柔弱女子的拳术，一开始就被冠予“女人拳”的称谓，一直为其他门派的行家所轻视。

从梁赞开始，求学咏春拳必须要支付师父较为昂贵的学费，传说梁赞为学得咏春拳，不惜以百两黄金来换取一套小念头拳，又对师父梁二娣签下“生养死葬”的契约。所谓“生养死葬”，便是师父在生时，弟子必须尽心供养师父，而师父去世后，弟子必须为师父风光大葬，如此解决了师父的后顾之忧，师父便将平生绝技传于弟子。“百两黄金换拳”也许有些夸张，未必真有其事，但是当时咏春拳学费之高，却是事实。即便到了少年叶问拜师的时候，第一次也向师父交了二十个大洋，这在当时可以买到十多担谷子的。在当时能够学到咏春拳的，基本上都是一些富家子弟，咏春拳又

2010年6月《叶问前传》佛山首映礼

被称做“少爷拳”。而叶问在佛山也仅仅教了六七个人而已，其他同时期的阮奇山等咏春名家也仅传数人，咏春拳成为一种“不出家门”的秘技。佛山咏春拳，多少年来养在深闺人未识。

及至叶问宗师离开佛山去香港，才开始较大规模地传授咏春拳。而留在佛山的咏春师父，因当时社会环境所限，没有机会像叶问那样公开收费教拳。到了“文化大革命”运动期间，咏春拳和其他中国传统功夫一样，遭受被打击的命运，佛山的师父绝口不提功夫，更遑论教拳了。这种佛山功夫完全停滞的局面一直持续到 20 世纪 80 年代初期，在中国实行改革开放以后，传统功夫文化才开始得到重生。这时候，开始有少量外国的咏春拳爱好者来到佛山与本地的咏春师父交流切磋，佛山功夫也开始经常在公园、广场等公开场所得以见到踪影。

1986 年，佛山精武体育会复办，开始汇集佛山功夫的各流派，咏春拳也逐渐进入群众健身的行列。十年后的 1997 年 6 月 29 日，佛山精武体育会专门成立咏春拳传承发展中心，开始有计划、有步骤、整体性地发展佛山咏春拳，成为佛山最早最大的咏春拳集中地。从此佛山咏春拳结束各流派各宗支单兵作战的零散局面，以一个团体的面目出现在世界武林，显示了整体力量，为海外咏春同人所尊重。历年来，佛山精武会咏春拳传承发展中心举办了多次的周年志庆活动和比赛，接待了众多外国咏春同人，由此在佛山掀起了学习咏春拳的热潮。然而，即便是到了 2000 年以后，咏春拳的知名度还只是局限在佛山、广州、鹤山等有限地方之内，出了广东，还是没有太多人知道咏春拳的，这就是前面所提到的笑话的时代背景，因为所有的裁判都没见过咏春拳，所以把小念头拳当成了普通的热身动作。

2008 年之后，随着《叶问》系列电影的成功宣传，佛山咏春拳一下子被全国人民所熟知，大家都对这种“女人拳”、“少爷拳”产生了好奇。咏春拳火了，佛山红了，来佛山拜师学艺的中外人士络绎不绝，佛山师父供不应求，佛山自古特有的武馆文化获得发展和提升的机会。如今中国人都知道叶问是李小龙的师父，咏春拳原来在世界各地拥有极其庞大的爱好群体。昔日的“女人拳”、“少爷拳”，变成了在全球范围千万人热衷的时尚运动。

二、咏春拳有哪些特点

咏春拳作为一种近身搏击的拳术，简洁实用，风靡全世界。因为相传创出咏春拳以及最先使用的是女子，即由五枚师太传给严咏春，故很多特点又与女子的形态有关联，所以咏春拳又称“女人拳”。咏春拳借鉴或吸收了白鹤拳、洪拳、白眉拳等别派拳术的某些特点，个别动作也与某种拳术相同或相似，但并不代表咏春拳是某种拳术派生出来的。咏春拳有其自身独特的特点，不落窠臼，完全不同于其他拳派的固有体系，是一种独立发展的、理论全新的佛山功夫。

短桥窄马

咏春拳的基本站桩马步叫做二字钳阳马。这种马步双脚略宽于肩，双膝微屈，令身体形成一个等边三角形。并不像其他拳术的马步那样双脚大开，膝盖弯曲成 90 度。中国古代女子如像男子那样将双足打开做四平大马，会被认为有失仪态，极其不雅。况且清朝女子多数裹足，小脚女人以大马步站立则难以保持平衡。咏春拳的二字钳阳马方便女子以较优雅的姿态站立，另外双膝略略弯曲内扣，则有助于上身遭受外力时将外力卸掉并保持身体的平衡。而且双膝弯曲的幅度小，在移动双脚的时候便可以达到更快的速度。南派功夫中所谓“桥”即前臂，短桥即是说咏春拳出手时不像其他拳术那样将双手抛离身体达到最远，如有些拳术的冲拳、抛拳、挂拳、劈拳，等等，出拳线路达到最长。女子如做大幅度的出拳动作仪态不佳，不符合中国传统观念对女子的要求。故咏春拳的出手幅度仅仅在以肘作为中枢的范围之内，线路非常短。从拳理上说，咏春拳只适合在贴身时做短距离的攻击，所以动作线路短，利于提高速度，快且节省力气，这是咏春拳的精简、经济的原则。

中门手严密

人体自眉心到下阴为身体之中线，咏春拳强调中线防守和中线攻击。故咏春拳双手摆放位置始终在身体的中线，所以称为“中门手”，也叫“曲手留中”。叶问咏春拳的戒备式“问路手”便是典型的中门手形，双手一前一后放置，前手肘部归中手指朝前叫“问手”，后手屈肘手指朝上挡在胸前叫“护手”。两手将上身紧紧防护，自己的上身由一个易受攻击的“面”凝缩成问手手指尖的一个“点”，形成无懈可击的防守姿势。任凭对方如何进攻，我方均严防自己的中线，将对方的手分隔在自己的桥手外侧，这样达到有效封闭自己“空门”（易受攻击的破绽）的目的。女子的胸部和脸部最易受到非礼，故女子对胸部和头部的保护尤为重视，中门手的绵密防护无疑是最好的。

另外，咏春拳出拳的位置都是从胸前心窝处发出，沿“子午线”（即出手位置到击打目标的直线）击打，这就是中门手的进攻方式。中线防守和中线攻击是矛盾的统一体。如日字冲捶，先夹肘至胸前中线，然后肘底发力，拳头以直线击出。这样出拳走一直线，距离短，速度快。所以咏春拳都是

（左）浙江弟子李立智（华东无忧堂总监，温岭市咏春拳会会长）

直线进攻，出拳没有走弧线的。因此，中门手的功法心法叫做“守中用中”。

擅发寸劲

所谓“寸劲”，即在极短的距离内（李小龙以一英寸为界定）手由松弛状态通过肌肉紧张而急速爆发出来的力，也叫“短桥发力”。咏春拳擅发寸劲，一是因为女子在生理上没有男子般与生俱来的力量，必须使用一种瞬间的杀伤力强的力量制敌取胜；二则咏春拳适合短距离贴身搏斗，不需要运用长距离的发力方式（长桥发力）。寸劲实际上是人体的各个关节（手腕、肘部、肩部、腰部、骨盘、膝盖、脚踝）在脊柱的协调下相互配合瞬间发出的整体劲力，并且从同一方向集中于一点发出。从手臂的肌肉感觉来看，力从肘底发出，在后臂是下面的肱三头肌紧张，前臂是上面的肱桡肌紧张。寸劲不同于一般的击打力，训练不需要依靠举重、打沙袋这些方式，经常练习空击形成身体骨骼整体的协调反而更为有效。

脚不过头

咏春拳很注重脚法，称为脚法而不是腿法是有道理的。咏春拳起脚只用足部做攻击，不用小腿的胫骨，故称脚法以区别于其他拳术的腿法。咏春拳的寻桥、标指套路里面都包含脚法，在木人桩里更是集中了八式脚法，即正踢、横扫、下踩后扫、侧斜撑左右脚各出四下共八下，腰马与“八斩刀”配合腰马和手法，称为“咏春八脚”。 咏春脚法是“贴身脚”，出脚时双肩不动，没有先兆，敌人往往没有察觉时便已中招，所以也称“无影脚”（并非黄飞鸿电影中的“无影脚”）。另外咏春脚法最高只踢到对方的心窝，更加没有踢到头或高过头的，盖因咏春拳贴身追逼，无须亦没有空间使出高脚。而认为以前因女子着裙，起脚过高易春光乍泄，故咏春脚法亦称“裙底脚”，戏说或实战皆有道理。

打手即消手

防守和进攻是一对矛盾，但是咏春拳强调攻守同时。很多拳术都是当对方打来，先以一手抵挡，然后再伺机进攻，这是一种被动防御方式。而咏春拳则一手抵挡的同时，另一手已经进攻，如摊打、标打、按打等技法，两手分别同时做不同效用的动作，运动轨迹也不同，也可以说是一心二用。这种技法就是消去对方力道的同时施展打击，即是消打同时。另外，咏春拳发出攻击时，亦利用自己的桥手在对方意想不到的角度封住对方的桥手，令对方进攻无法奏效，而我方却能渗透进到对方的空门实施击打，即以攻对攻，以攻为守。这是咏春拳法里面非常巧妙的“打手即消手”，是一种快速的主动防御。

不以力斗力

既然女子无法与男子在力量上等量齐观，那么“女人拳”之称的咏春拳就不会崇尚力大拳重，而是研究如何借力打力、以巧破力。这就是为什么会咏春拳的小女子可以打败只会用蛮力的大男人的原因。

在咏春心法里，有“来留去送，甩手直冲”的口诀。所谓“来留”，即对方朝前向我方打来，我方以摊、伏、膀、标、窒、按等手法顺着对方力的方向“接住”并“留住”对方桥手，令对方的劲力停滞，而并非用力量横向格挡或发力顶住和推开对方；“去送”就是感觉对方力道回收或后撤时，我方只须顺其自然往前推送，并贴身追逼，“送”他一程。“甩手直冲”的意思是，当双手桥手接触相峙时，对方桥手忽然改变线路，以圈手或其他弧线形手法意欲转换攻击点时，我方只须毫不犹豫地以手向前直冲，走直线先于对方而击中。如同一张弓，弓背是弯的，弓弦是直的，对方拳路“走弓背”，我方出手“走弓弦”，我方必先到达对方身体而实施有效击打。“来留去送，甩手直冲”说起来容易，做起来很难，需要双手接手的瞬间，就感知对方力的方向，将对方“流动”的力加以“引导”，进而控制对方的运动，而达到料敌先机、后发先至的境界。这需要自己全身的感官特别是桥手的知觉非常灵敏，并以有效的步法辅助才能完成，没有持之以恒的训练是达不到这种境界的。

蛇行鹤步

咏春拳据传是五枚师太看到蛇鹤斗法而悟出的，所以咏春拳里包含有蛇和鹤的两种形态。咏春拳的步法非常独特，如蛇蜿蜒而行，所谓“拳打直线、脚走曲线”。咏春拳秘传的步法叫做“梅花步”，取梅花五瓣，花蕊中心向花瓣五点辐射，暗合中国“五行”原理相生相克之道，即“脚踩梅花”。梅花步施展时，两脚在梅花形五点中的两点变换，但脚移动在离地时必走弧线。这样移动方向变幻莫测，为的是不让对手轻易察觉自己下一步的走向，或者在用脚法时以其意想不到的角度击中对方。如果是直线移动或起脚则较易被对方封堵。咏春拳行走的线路虽然是效法蛇形，但整体站立时则像一只仙鹤。无论是钳阳马、坐马，还是丁字马，都应像鹤般轻灵而稳健，配合手形和脚法，效仿仙鹤的气度。咏春拳并不是如蛇拳、鹤拳、猴拳等的象形拳，不追求动物本身的外形，而是融入动物运动的法度来作为拳法，因此，可算是仿生学在功夫方面的早期应用。

三、练习咏春拳要遵循什么章法

由于咏春拳的拳法拳理独树一帜，体系与众不同，爱好者在初学的时候如果在以下方面有所了解，那一定会有助于自身的提高。

建造框架，重视小念头拳的基础训练

小念头拳是咏春拳的框架。不要小看小念头动作简单，要做好并不容易。练习小念头主要要达到以下目的。

1. 习惯在二字钳阳马状态下的正确出手姿势。练习小念头由始至终，以二字钳阳马为站姿，两脚不动，是为了令练习者专注于两手的动作。咏春拳的最具代表性的手形摊手、伏手、膀手，看似简单，但蕴涵咏春拳“短桥窄马”的特点和“守中用中”的法度。反复练习小念头，对于培养正确的手形和使用身体中线的意识具有无可替代的作用。另外，二字钳阳马亦是咏春拳特有的站桩步，钳阳马是一个对外力产生卸力的站姿，而对于舒展足三阳经络、增强下肢力量等均大有裨益。

2. 习惯肘底发力练习寸劲。在小念头里拳、掌、指都有，每打一下落点要清晰，发力要干脆。特别是咏春拳的寸劲，不同于一般的发力。在钳阳马状态下，以脊柱为中枢，肩部、肘部、腕部联动，在不送肩的情况下，由胸前中线肘底发力打出寸劲。

3. 气力双修。佛山有不少师父认为咏春拳属于南派的内家拳，就是因为常练小念头能够促进气血的运行，这大概是在练习小念头时心无杂念、精神放松，钳阳马令脊柱解除压迫，行拳时缓慢出招令气血在周身流动，配合呼吸，意随气转。据说叶问宗师当年练习小念头时动作缓慢、气定神闲，完成需时近十分钟，好像做了一套养生气功。当然，如果是用于表演，则需要加快速度表现劲力皆可，否则观众看得可要睡着了。

小念头是所有老师父从年轻时打到老的至爱功夫，可见小念头是多么的重要。咏春拳学得像不像，功力如何，行家看看打小念头就知道了。

混搭“积木”，培养出手成招的意识

咏春拳来来去去只有小念头、寻桥、标指三套拳，可观性也不强，但是不中看的往往是最中用的。咏春拳没有高踢腿，没有转身，更没有腾空、劈叉等高难度动作，甚至连弓步、扑步和金鸡独立步也没有。招式上只有冲捶、摊手、按手、膀手、标指等再简单不过的名称，不像其他拳术那样有玉女穿梭、苏秦背剑、手挥琵琶、目送秋鸿等充满诗意的招式。学习三套拳的过程其实非常闷，但是当你领悟到三套拳的用法时，你就会感受到出手成招的乐趣。

咏春拳好就好在套路中的招式都可以独立成招。其实在练好小念头套路的基础上，就可以分拆套路里的动作来练习实战了。学了小念头就能打，这是每个师父对弟子的要求。

咏春拳的教学要破除套路观念，所谓三套拳只是让弟子遵循一定的晋升阶段学习且方便记忆而已，真正用起来是分拆后又重新组合的。作为师父主要是教授徒弟每一种套路里的有限动作是如何应用的，不可能将所有实战中的变化和应对都列举出来。徒弟要用脑子来学习，要学会将招式从套路里抽离出来，你喜欢怎么抽离都可以，因为咏春拳套路里没有什么过渡的多余动作，这就是咏春拳套路的“积木”属性，基本的每一种手形、马步、步法、脚法就是一块块“积木”。在运用时，你可以任意组合，也像搭积木一样，做到随心所欲、出手成招。学咏春拳就像学游泳，有时候可能你老是觉得学不会，但是不要放弃，坚持练习并多思考，很可能某天忽然灵光一现，一理通百理通，就自然得心应手而且怎么也不会忘记了的。所有咏春高手出招根本看不出哪一招是来自寻桥，哪一式是属于标指，而是“混搭”的。咏春拳里没有必杀技或绝招，你自己喜欢哪一种招式并练得最好就是你自己的绝招。世界上没有最好的功夫，只有最适合自己的功夫。

咏春拳招式本身不难学，培养实战中遇到外来抗力的情况下还能应用自如的能力才是最难的。出手成招，这才是功夫追求的目标。

各取所需，筹划好自己的学习计划

前面两点是学习咏春拳的具体而微的问题，但是我想说的是，我们学习一种技艺或者文化，需要一个自身的规划，这是一个宏观的问题。很多朋友会有同一个疑惑：“咏春拳需要学多久才能学好？”这个问题没有标准答案，跟每个人学功夫目的不同而应有不同的时间，所以自己的学习计划要筹划好，千万不要跟风赶时髦。

咏春拳今日所学今日可用，只要抱着学以致用的态度，时间长短不是什么大问题。但切忌三天打鱼两天晒网，断断续续，学完不练，放诸脑后，这样时间过了，功夫却不见长进。坚持练习的时间越长，功力越深厚这是必然的。毅力和恒心很重要。

假如一定要给出一个时间表的话，那么无忧堂的三年制培训经验可以给你提供一个参考。

首先假定你是完全没有任何功夫基础的成年人，一周三次的上课时间，每次两小时。在没有集中上课的日子你坚持每天练习半小时以上。那么在 30 天里，你完全可以学会本书的内容，但是必须有两个月的时间来重复训练。在三个月后，你会熟练掌握小念头拳的套路演练和用法，以及连环冲捶、按打、摊打等简单组合，以及步法、脚法和初步的黐手技法，初步具备自身防卫能力，一般人想欺负你并不容易。这个时候，如果你想参加功夫表演，你的小念头也像模像样了。

半年后，你应该熟练掌握寻桥的套路演练和用法，你已经具备较好的正当防卫能力，想欺负你的人不但讨不到便宜，你还可以奋起反击。这时候你将寻桥用于表演，效果更好。如果要参加比赛，可以参加友谊切磋式的非正式对抗，你是完全不需要惧怕的。我的加拿大女弟子李雪晴就是在半年里学完寻桥后去泰国旅游，信心满满地报名跑上擂台跟泰妹交手，咏春对泰拳，在打得正过瘾时被裁判拉开宣布和局。

一年后，标指也学会了，黐手逐渐熟练，此时的你已经能感受到咏春拳的无穷乐趣。表演对你来说已经是小菜一碟。如果你要参加正规的比赛，这时候也是个好时机。但是比赛前两个月要进行针对性训练，特别是体力，因为对抗性比赛一般都要打两三场，每场三个回合，每个回合起码 3 分钟，这种有规则有保护措施的比赛跟在安全危机中的生死搏斗是两回事，体力很重要。当然适合比赛的专门膳食必不可少。我的美国弟子雷震天在学了 8 个月的咏春后，跟我征战马来西亚咏春擂台赛，结果拿了个重量级的金腰带回来。

学完三套拳，你还可以成为一个助教，以师兄或师姐身份教师弟或师妹小念头了。

接下来，假如师父肯教你的话，你应该花三个月的时间熟练掌握木人桩法。这时候你已经对黐手或自由对练很熟练，你应该具备出手成招的初步能力，开始讲究巧妙的技法变化了，不会一味地以力斗力。即便应对只有蛮力的对手，你能在短时间实施压制性的打击。假如不幸遇上犯罪行为，你也能在对方利器的威胁下全身而退，甚至将其击倒。一年半，你完全可以成为一个同龄人中的高手，这对于传统的练功过程来说已经是很神速的了。

接下来半年的时间，你可以学习八斩刀和六点半棍，以便在表演的时候多一些才艺。另外你可以练习蒙眼黐手、咏春短棍术以及空手入白刃等高级技巧，如果你够勤奋的话，在第二年结束你已经具备出手成招的完全能力了，你不光可以晋身为一个本门的高手，还对拳理有较深的认识，恭喜你，你可以成为一个师父了。

在第三年里，你还是有很多知识需要学习，一是在做师父的同时，对以前所学进行温故而知新。一个高手不等于一个好师父，会打会教并培养出优秀弟子的才算真正的“出手成招”。同样地，在你做师父的第一年里，你应该教出一个具备比赛拿奖能力的弟子。第二你要学习理财、营销、策划、组织等管理能力，甚至要掌握使用电脑、简单的英语、驾驶等现代交际能力，并积极参加社会服务活动积累人脉和口碑。

于是，当三年过去你满师“下山”的时候，你已经具备当馆长的能力了，你可以自己创业拥有自己的学校，或者凭借这些特长赢得更好的职业。更重要的是，你在三年里完成了一个人生蜕变，正如同我的洋弟子们所说，完成了人生中一件有意思的事情：得到了健康的身体，掌握了自身防卫的能力，感受了功夫文化的精彩，无论是做师父还是做弟子都融入了一个没有亲缘关系的大家庭，这种精神上的满足和愉悦是无法用语言形容的。

如此三年，仅仅是作为一个给初学者参考的时间表，能让年轻人看到一个具体的目标，知道达到何种程度与付出多少时间和经历都是成正比的道理。实际上，假如你对咏春拳没有兴趣，没有时间只是借口。对于已经把功夫当成生活的一部分的佛山人来说，这个时间表就是一辈子。做自己喜欢做的事情，怎么会嫌时间长呢？

所以，学习一种值得传承的功夫，我们应该享受过程而并不要太注重未来结果，做好自己的人生筹划，各取所需，愉快地过独具魅力的武生活，收获都是属于自己的。不是每个人都有能力成为馆长或世界冠军，也不是所有人都有当功夫明星的机会，或者你家庭很富有，或者你很有社会地位，但是名利可以成为功夫的终极吗？大家就把学习功夫当成一种挑战自我提升自我价值的生活吧！在功夫的大门前，无论你是开着宝马车还是骑着自行车来，大家的起点都是一样的，达者为师。什么叫做功夫？日积月累的个人造诣就是功夫！

咏春堂

第三部分

必须常练的
咏春拳基础动作

『基础』，这是一个平凡却又常见的词。
人的一生，
无论生活、工作，
都离不开这个词，
关于『基础』重要性的格言警句也不胜枚举。
如果你问，
学咏春有没有捷径？
那么请先自问一下，
一座地基不牢、偷工减料的高楼你敢住吗？
其实，
从零开始，
打好基础就是最好的捷径。
本篇讲解的是咏春拳的基础入门单招。
基础简单，
我学会后是否还有必要常练？
别忘了，熟能生巧。

一、咏春拳的手形与步形

咏春拳的手法多样，特别注重与步法的结合。

如果说手法与步法是咏春拳技法的基础，那么手型与步型则是手法、步法的基础。

任何功夫体系都是由基本的手型、步型组成，假如初学者贪快而忽略这些基本动作，则往往会影响学习套路的效果。

所以，我们有必要先来了解咏春拳的基本手型与步型。

手型分为拳、掌、指三种；步型有二字钳阳马、坐马及T字马。

拳形

日字拳，因拳型的正面犹如汉字的“日”字而得名。北派长拳中，拳型有平拳和立拳，食指与拇指卷曲包围形成的“眼”叫做拳眼，拳眼向上为立拳。咏春拳的日字拳拳型与长拳的立拳相似，唯发力方位、用劲法度不同。

正面

动作步骤：

食指、中指、无名指、小指向掌心弯曲并拢，大拇指弯曲，大拇指的第一截扣压在食指和中指的第二截外侧。

●动作要领：

食指、中指、无名指、小指与手掌相连的第三截组成拳面，拳面要平。大拇指弯曲成90°。轻握拳头，未发力时肌肉放松。拳头应摆在胸口中央。

■易犯错误：

拳面不平；

大拇指未扣压在食指和中指的第二截外侧；

食指和中指将大拇指包在里面；

拳头握得太紧。

掌形

咏春拳的掌法很多，但基本掌型只有一种，类似于长拳的柳叶掌，但咏春拳中掌的发力点在掌根或掌侧。

动作步骤：

[1] 食指、中指、无名指、小指伸直并拢；

[2] 大拇指弯曲成90°。

●动作要领：

手掌应摆在胸口中央。

■易犯错误：

食指、中指、无名指、小指未伸直未并拢，手指叉开；

大拇指伸直未弯曲成 90°。

[1]

[2]

指形

在咏春拳三大套路里面，都有标指的动作，力贯指尖，发力点在手指的最远端。

动作步骤：

将掌形掌心向下即为指型。

●动作要领：

手指应摆在胸口中央。

■易犯错误：

食指、中指、无名指、小指未伸直未并拢，手指叉开；

大拇指伸直未弯曲成 90°。

正面

侧面

二字钳阳马

二字钳阳马是最能体现咏春拳特点的站桩步。不同咏春流派的钳阳马呈现不同的形态，在这里只介绍叶问咏春拳的主要站法。

[1]

[2]

[3]

[4]

[5]

[6]

[7] [8] [9]

动作步骤：

[1] 双脚自然站立，双拳抽收至胸膛两侧；

[2] 双膝弯曲，身体垂直下沉；

[3、4] 左脚前脚掌往前往左画半圆，脚尖朝前；

[5、6] 重心移至左脚，收右脚至左脚内侧；

[7、8] 右脚前脚掌往前往右画半圆，脚尖朝前；

[9] 重心移至两脚中央站定，双膝内扣，两脚尖平行朝前与汉字“二”字相似，故名。

●动作要领：

当某侧脚掌移动画弧线时，注意重心的转换；

脚画弧线至最后时，发力点在脚跟；

上身保持中正，腰椎垂直；整个身形犹如三角形。

■易犯错误：

两脚脚跟紧贴或距离过短；

重心落在前脚；

目光转向右侧或左侧。

师父曰：

钳阳马还有种别称叫做“钳羊马”，说是用这种马步可以把一只羊夹骑而羊挣脱不了，甚至此桥段被港产片采用，但现实中没有人这么练。

坐马

一种便于移动的马步，早期英文名直译为Sitting Horse Stance，方便洋弟子望文生义。

[1] [2] [3] [4]

动作步骤：

以左坐马为例：

[1、2] 开马，呈二字钳阳马；

[3] 身体重心瞬间右移，以右脚为支撑，同时左脚提起，脚尖内扣45°落地；

[4] 身体重心瞬间左移，以左脚为支撑，同时右脚提起，脚尖外摆65°落地，转腰、侧身，重心落在两脚的中间。

师父曰：

钳阳马是完全见面的马步，坐马则是侧身运动的马步。坐马在一些咏春派系中也叫做偏身马。

●动作要领：

两脚前后交替提起，但不能离开地面太高，注意重心的转换，上身保持中正，腰椎垂直；

以腰力带动脚的转换，双眼始终目视正前方，右坐马的方法同左坐马一样，只是动作方向相反。

■易犯错误：

两脚没有提起，只是贴着地面旋转；

重心转换时偏移过大，使身体失衡；

上身前俯或后仰；

腰部转动成侧身时，头也跟着转动，眼睛看着侧面。

T字马

顾名思义，两脚成英文字母T字摆放，方便洋弟子意会。佛山老师父习惯说“丁”字马，含义相同。

[1] [2] [3]

动作步骤：

以左T字马为例：

[1] 开马，呈二字钳阳马；

[2] 身体重心移至左脚，右脚脚尖画着弧线向后拖动；

[3] 右脚移至左脚脚跟后站定，脚尖朝右，上身向后坐，重心移至右脚，两脚呈“T”字形，双眼目视前方。

●动作要领：

右脚内侧与左脚脚跟的距离约一个脚掌的长度，上身稍右转；

右T字马与左T字马的方法一样，只是动作方向相反。

■易犯错误：

两脚脚跟紧贴或距离过短；

重心落在前脚；目光转向右侧或左侧。

二、咏春拳的手法

俗话说，南拳北腿。

咏春拳作为典型的南派功夫，其手法灵活多样、独树一帜。

咏春高手的双手知觉灵敏且变化多端，防守时密不透风、滴水不漏；

进攻时如水银泻地、逢空即入。

问路手

叶问咏春标志性起手式，取询问试探之意，故称“问路”。英文名为 Guard Pose，即“警戒式”。前手称为“问手”，后手称为“护手”。

正面　　侧面

动作步骤：

以右问路手为例：

开马，呈二字钳阳马；双拳变掌，同时从胸前的中线位置向正前方伸出，右手在前，肘部稍微弯曲，手指指尖略向上斜，呈问手，左手在后，掌心与右手手臂内侧相对，指尖朝上，呈护手。

●动作要领：

问手的肘要归中，要处在胸前的中线位置，手掌稍稍上斜，指尖指向对方的眼睛；

护手侧立于问手的肘窝处；

目光越过问手的指尖射向对方，观察对方的动静

两手互换时，护手从问手的上方伸出形成问手，而原问手在下方收回成护手。

■易犯错误：

问手的肘外张，没有归中；

问手摆放的位置太低，手指指尖没有斜朝上。

师父曰：

“中线位置”在哪里？以人身体来说，可想象为从眉心开始画一直线至两腿中间虚拟中线位置即为中线位置。“归中”则是指手从其他位置回归到中线位置，在中线位置发出的手法叫做“中门手”。

日字冲拳

连环冲拳就是日字冲拳的连续、重复击打，以加大攻击频率让对方无还手之力。因为《叶问》电影，继问路手之后，连环冲拳成为叶问咏春拳的又一招牌动作。

[1]

[2]

[3]

动作步骤：

[1] 开马，呈二字钳阴马；

[2、3] 左手臂与胸侧夹紧，肘部伸展将前臂送出，拳头置于胸前的中线位置，拳面朝前，肘底发力运劲于拳面直线打出，整个手臂伸直。

●动作要领：

拳头在运动时放松，在击打到位的瞬间握紧；

保持拳头直线打出并击打在同一点；

锁紧手腕，令拳头和前臂呈直线；

两肩保持平衡。

■易犯错误：

肘向外张；

击打时屈肘；

两手击打位置分处两点；

左右送肩、转腰。

师父曰：

叶问的徒弟里连环冲拳最快的是张卓庆，他在 1983 年于美国哈佛大学的试验中创造了一秒钟击出 8.3 拳的世界纪录，至今该纪录仍被保持。

摊手

摊手是用来化解对手攻势的动作，属于长桥发力。

[1] [2] [3] [4] [4]侧面

动作步骤：

以左摊手为例：

[1] 以二字钳阳马为起式；

[2] 右拳变掌，掌心向上；

[3、4] 右手夹肘，以肘底发力，运劲于指尖，手掌经过身体的中线位置朝前斜向上摊出，双眼目视前方。

●动作要领：

双肩保持平衡；

屈肘归中；

摊手后，前臂、手腕、手掌、手指呈一直线；

手指指尖的高度在下颌与鼻尖之间。

■易犯错误：

肘部外张；整个手臂伸直；

屈腕，使手掌与前臂成夹角弯曲；

掌心倾斜未朝上；手指叉开；

前臂没有在身体的中线位置。

膀手

因为状似白鹤亮翅而得名。膀手起肘、落手的动作与摊手刚好相反，所以摊手和膀手相互转换来做最好。膀手是纯消解的动作。

[1] [2] [3] [4] [4]侧面

动作步骤：

以右膀手为例：

[1] 开马，呈二字钳阳马；

[2、3] 右拳变掌，掌心向上，手臂保持屈肘向上抬起，同时手腕翻转，令掌心向内；

[4] 肘部发力，向斜上方扬起，手腕内旋使掌心斜朝外，手指朝前斜向下插出。

●动作要领：

肘部向上扬起，肘尖略高于肩头；

前臂、手腕、手掌和手指成一直线，与地面成约 45° 角；

手掌正对身体的中线位置。

■易犯错误：

手指高过肘尖；手腕、手指弯曲；

手掌偏离身体的中线位置。

师父曰：

我们平常人遇到攻击，一般都会有抬起手臂来阻挡的动作，属于条件反射。咏春拳把它吸收且加以优化了。

正掌

手指向上为正掌，另有别名叫做如来神掌。

[1] [2] [3] [4] [4]侧面

动作步骤：

以左正掌为例：

[1] 开马，呈二字钳阳马；

[2、3] 左拳变掌，掌心向上，然后旋转手腕，令掌心向外、手指向上，手掌放于胸前的中线位置；

[4] 以肘底发力，运劲于手掌掌根和掌外侧，迅速向身体正前方直线击出。

●动作要领：

手掌从胸前的中线位置击出；

击时手背与肩膀在同一高度。

■易犯错误：

手掌击出时偏离中线位置，左掌偏左、右掌偏右；

出掌后手臂没有呈直线，过高或过低。

师父曰：

你也可以把交警所做表示停止的手势当做正掌。

横掌

将正掌横放，左掌手指朝左，右掌手指朝右，就是横掌。横掌专打下颌或侧面。

[1]

[2]

[3]

[4]

[4]侧面

动作步骤：

以右横掌为例：

[1] 开马，呈二字钳阳马；

[2、3] 右拳变掌，掌心向上，然后旋转手腕，令掌心斜向前方、手指朝右，手掌置于胸前；

[4] 以肘底发力，运劲于手掌掌根和掌外侧，朝正前方直线击出。

●动作要领：

手掌靠近身体的中线位置向前方击出；

手腕的高度与肩膀平齐。

■易犯错误：

手掌击出时偏离中线位置，左掌偏左、右掌偏右；

手臂过高或过低。

按手

咏春实战中的控肘技术基本上依赖于按手，它属于钳制类的手法。按手发出的力要很强劲。

[1] [2] [3] [4] [4]侧面

动作步骤：

以左按手为例：

[1] 开马，呈二字钳阳马；

[2、3] 左拳变掌，掌心向上，紧接着手腕向内翻转，令掌心朝下、手指朝右，手掌置于胸前中央位置；

[4] 肘底发力，运劲于掌根和掌外侧，手掌朝下前方按下，手指指尖朝右。

●动作要领：

双肩保持平衡；

发力后，手臂要伸直，手掌掌根在体前约20厘米的位置；

做右按手时，指尖方向向左。

■易犯错误：

按手的同侧肩膀下塌；动作过大导致弯腰；手臂没伸直，手指指尖朝前。

叠桥手

两手平放在下颌以下，属于防守动作。

[1] [2] [3] [4]

动作步骤：

[1] 以二字钳阳马为起式；

[2~4] 双拳变掌，两肘张开，前臂伸出，平行放置于胸前，左手在上右手在下或者相反，但两手间隔在5~10厘米，掌心朝下。

师父曰：

叠桥手一般很少单独使用，在套路“小念头”中会出现，用法奇妙，后面会有讲解。

●动作要领：

两前臂在水平方向平行放置；

前后臂的夹角不小于直角；

上下手腕相对。

■易犯错误：

前臂上下不平行；

上下手腕不对称。

标手

望文生义，标出去的手就是标手。标手用于消解上方而来的攻击，也属于长桥发力的动作。

[1]　[2]　[3]　[4]　[4]侧面

动作步骤：

以右标手为例：

[1] 开马，呈二字钳阳马；

[2、3] 右拳变掌，掌心向上，接着手腕内旋令掌心朝下，同时肘部抬起，手掌平置于胸前；

[4] 前臂发力，运劲于手掌外侧，由胸前斜向上挥出，掌心斜向下。

●动作要领：

肘微屈，手臂挥击的幅度不要太大，手指偏向内侧；

发力点在掌外侧，手指放松，位置高过眉毛。

■易犯错误：

前臂、手腕、手掌、手指呈一直线；

抬手过低。

师父曰：

标手和标指是不同的。标手是消解动作，标指是进攻手法。标手肘弯曲以桥手和掌外侧为着力点；标指肘伸直，以手指尖为着力点。

窒手

窒手跟标手刚好是相反的一对，窒手发力点在手掌内侧，即虎口。窒手长短桥皆可发力。

[1]

[2]

[3]

[4]

[4]侧面

动作步骤：

以左窒手为例：

[1] 丌马，呈二字钳阳马；

[2、3] 左拳变掌，掌心向上，左手臂伸出，做成问手；

[4] 手腕内旋，掌心斜向下，肘底发力向后牵引前臂，屈腕，大拇指内扣，掌根向下挫，手指随之跷起。

●动作要领：

动作幅度很小，肘部基本不动；发力点在掌根处，手指放松。

■易犯错误：

动作过大，前臂摆动变成下拍手；屈肘时将手掌回收。

师父曰：

窒手的“窒”可作吸附、凝滞的理解，让对手动作停滞，并跟随自己的手势运动。

拍手

拍手是一种很好的消解对方招式的动作，属于短桥发力的防守。拍手按照出手方向的不同，分为横拍手和下拍手。

横拍手 1

[1] [2] [3] [4]

动作步骤：

以右拍手为例：

[1] 开马，呈二字钳阳马；

[2] 右拳变掌，手腕翻转，令掌心朝左，手指向上；

[3、4] 以肩膀、肘底发力，运劲于手掌外侧，横向朝左前侧拍击，双眼目视前方。

●动作要领：

双肩要保持平衡；

屈肘时，前臂保持水平；

手掌拍击后，手掌的外侧不需要超过肩外侧；

拍手的大拇指与身体保持 15~20 厘米的距离。

■易犯错误：

拍击手的同侧肩膀耸起，动作过大，导致腰部转动；

目光随拍手的方向移动，拍击时手指向下甩。

师父曰：

所谓“桥”即指前臂。肘部伸展使桥手到达身体的远端，即长桥；肘部保持弯曲，桥手在身体近侧运动叫短桥。无论长桥或短桥均需练习“肘底力”。

下拍手 2

[1]

[2]

[3]

[4]

动作步骤：

以左下拍手为例：

[1] 开马，呈二字钳阳马；

[2、3] 左拳变掌，掌心朝上，然后手腕翻转，令掌心朝下，手指朝前，手掌置于胸前的中线位置；

[4] 紧接着肘底发力，运劲于手掌外侧，迅速向前下方拍击，手臂伸直，手指朝前。

●动作要领：

双肩保持平衡；

下拍后，手臂要伸直；

拍手的手掌根在身体前方约20厘米的位置。

■易犯错误：

拍击手的肩膀下塌；

动作过大导致弯腰；

拍击手的手指朝右或朝左。

师父曰：

按手与下拍手是不是容易混淆？下拍手夹肘，按手张肘；下拍手手指朝前，按手手指朝左或朝右。

揦手

又抓又拉，抓中有拉，拉中有抓，叫抓手不尽义，叫拉手不完全，还是沿用粤语：揦（普通话音：lá）手。

[1] [2] [3] [4] [5]

动作步骤：

以右揦手为例：

[1] 开马，呈二字钳阳马；

[2、3] 右拳变掌，肘部发力带动右手前臂内旋，同时手腕抬起，手掌斜向上自胸前探出，掌心朝前；

[4、5] 右手迅速向前伸出，同时五指张开，紧接着抓成拳头，随后肘底发力向下牵引，拳头收于胸前。

●动作要领：

“抓”和“拉”的动作同时进行，合二为一；

实战时，抓的时候以手掌外侧为接触点。

■易犯错误：

只抓不拉；

肘部外张，抬起过高。

杀颈手

望文生义，以手为刀，像刀砍在脖子上的样子，叫做手刀也成。

[1] [2] [3]

动作步骤:

以右杀颈手为例:

[1] 在二字钳阳马的基础上，右拳变掌，右手屈肘，前臂置于胸前，手掌在颈部位置;

[2、3] 右手手掌下沉经过腹部朝右侧甩击，先以前臂发力，肘部伸直后传力至手掌外侧朝斜向上砍击。

●动作要领:

手掌甩出要迅速有力;

掌心朝下，以掌外侧边缘砍击。

■易犯错误:

向下斜砍，力量止于前臂，未传递到掌外侧边缘。

耕拦手

双手组合的动作，用于截击和拦截，需配合坐马。上手为耕手，下手为拦手。

[1] [2] [3]

动作步骤：

以左耕手为例：

[1] 以二字钳阳马站立，做问路手，左手为问手，右手为护手；

[2、3] 二字钳阳马右转，呈左坐马，左手腕旋转令掌心斜向上，接着以肘底发力，运劲于前臂由左上往右下击打（为耕手）；与此同时，右手下沉，手指向下，运劲于前臂由腹部向右前方拦击（为拦手）。

●动作要领：

耕手和拦手同时发力，同时到位完成；

两手的手指、手掌、手腕、前臂呈一条直线

耕手屈肘，拦手直肘或微屈；

两手空隙尽量缩小，但无须接触。

右耕（手）左拦（手）的动作方法相同，但需左右手互换，转马成右坐马。

■易犯错误：

两手动作不同时；

两手空隙过大；手做成按手。

师父曰：

“耕”是粤语的同音取字，与农田耕作无关。本应作“迳”，用前臂或小腿斜向硬撼对手之意，如“迳手”、“迳脚”。佛山师父多写作“耕”，约定俗成。耕手分为上耕手和下耕手，为教学方便将下耕手称为“拦手”，更易理解。

捆手

用于拦截的双手组合动作，上挡下拦；上手为摊手，下手为膀手，需配合坐马。

[1] [2] [3]

动作步骤：

以左捆手为例：

[1] 在二字钳阳马的基础上做问路手，左手为问手，右手为护手；

[2、3] 二字钳阳马左转，呈右坐马，左手腕旋转令掌心斜向上，接着以肘底发力，夹肘归中，运劲于前臂由胸前向上做摊手；同时，右肘抬起，手腕下沉，手指向下，转腕运劲于前臂向左前方做膀手。

■易犯错误：

两手动作不同时；两手的间隔过大；膀手的肘未抬起。

●动作要领：

摊手和膀手同时发力，同时到位完成；

两手的手指、手掌、手腕、前臂呈一直线；

两手均屈肘，但摊手的肘下沉，膀手的肘上挺，两手空隙尽量缩小，但无须接触；

膀手的手腕在摊手的肘底；

右捆手的动作方法相同，但要求左右手互换，转马成左坐马。

三、咏春拳的步法

为什么严咏春这个小姑娘可以打败昂藏七尺的恶霸？

因为严咏春会五枚师太教的梅花步。

为什么年轻力壮的叶问为年老的师伯梁碧和轻易所败？

还是因为梁碧和在父亲赞先生那里继承了梅花步。

步法，是身体移动的章法。

本门步法以梅花步为基础，强调轻灵活变、抢点食位。

当你的力量不足以与对方抗衡的时候，步法会帮到你，避实击虚，以弱胜强。

圈脚开马

圈脚开马简称圈马，是梅花步的基本动作。

[1] [2] [3] [4]

[5]

[6]

[7]

[8]

[9]

[10]

[11]

[12]

[13]

[14]

动作步骤：

[1~6] 身体挺直，双脚自然站立，双手握拳抽收至胸膛两侧，拳心朝上；

[7] 双膝弯曲，身体垂直下沉，双拳位置保持不变；

[8、9] 左脚脚掌贴着地面向前伸出，往左边画半圆，脚尖朝前；

[10、11] 身体重心移至左脚，收右脚至左脚内侧；

[12、13] 右脚脚掌贴着地面向前伸出，往右边画半圆，脚尖朝前；

[14] 身体重心移至两脚间，双膝内扣，两脚脚尖向前、平行；上身挺直，双眼目视前方。

●动作要领：

当某侧脚掌移动画弧线时，注意重心的转换，脚掌画弧线至最后时，发力点停留在脚跟；

上身保持中正，腰椎垂直；双拳始终放在胸膛两侧，拳心朝上；整个身形犹如三角形。

■易犯错误：

脚尖过度内扣导致呈内“八”字形状，或外摆呈外“八”字形状；

双膝散开未内扣；

上身前俯，臀部翘起；上身后仰。

钳阳马转坐马

钳阳马转坐马简称转马，最与众不同的特点就是两脚离地先后转动，便于身位移动。

[1]

[2]

[3]

[4]

[5]

动作步骤：

以右坐马为例：

[1] 开马，呈二字钳阳马；

[2、3] 重心瞬间左移令右脚提起，右脚脚尖内扣45° 落地；

[4、5] 重心瞬间右移令左脚提起，左脚脚尖外摆成65° 落地，转腰侧身，重心落在两脚中央。

●动作要领：

两脚先后交替提起，注意重心的转换；

上身保持中正；

以腰带脚，双眼始终目视正前方。

■易犯错误：

两脚未先后提起，同时碾地旋转；

重心偏落在右脚呈右弓步；

重心偏落在左脚呈右虚步；上身前俯或后仰，头随身转动，目光投向右脚脚尖方向。

直线左右进退马

左右平移的步法。

[1]

[2]

[3]

[4]

[5]

[6]

[7]

动作步骤：

[1] 以左坐马、问路手为起式，左手为问手，右手为护手；

[2~4] 右脚抬起横向往右迈步，右脚落地后左脚提起迈步，落地依旧呈左坐马；

[5~7] 左脚抬起横向往左探步，左脚落地后右脚提起抽回，落地依旧呈左坐马，双手不变。

●动作要领：

两脚先后交替提起，注意重心的转换，但重心始终在同一水平面上平移并落在两脚中央；

左右脚移动的步幅应均等；

上身保持中正。

如以右坐马为起式也是同样的方法。

■易犯错误：

两脚做成了上跳步；步幅不均等；重心起伏过大。

直线前后进退马

前后平移的步法。

[1]

[2]

[3]

[4]

[4]侧面

[5]

[6]

[7]

动作步骤：

[1] 以左坐马、问路手为起式，右手为问手、左手为护手；

[2~4] 右脚抬起往前迈步，右脚落地后左脚提起跟步，落地依旧呈左坐马；

[5~7] 左脚抬起往后撤步，左脚落地后右脚提起抽回，落地依旧呈左坐马，双手不变。

●动作要领：

两脚先后交替提起，注意重心的转换，但重心始终在同一水平面上平移并落在两脚中央；

移步无论前后，脚步幅应均等；

上身保持中正。

如以右坐马为起式，方法是相同的。

■易犯错误：

两脚做成了跳步；步幅不均等；重心起伏过大。

圈步进退马

梅花步的局部，以走弧线画圈曲线移动。

[1] [2] [3] [4] [5]

[6]

动作步骤：

以左圈步进退马为例：

[1] 开马，呈二字钳阳马，双手做问路手，左手为问手，右手为护手，

[2、3] 左脚向右脚内侧靠近，再向前迈步呈右坐马；

[4~6] 左脚后撤，先向右脚内侧并拢再往左开马回复到钳阳马，双手不变。

●动作要领：

支撑脚的脚掌以及膝盖都随马步转变而稍微移动；身体重心始终在同一水平面上平移并落在两脚中央；上身保持中正。

■易犯错误：

重心起伏过大；进马时上身前俯；退马时上身后仰。

圈步旋转马

旋转 90° 方位的步法。

[1]　　[2]　　[3]

动作步骤:

以左圈步旋转马为例:

[1] 以二字钳阳马、问路手为起式，右手为问手，左手为护手;

[2、3] 以右脚为轴，左脚前脚掌贴着地面逆时针后撤呈左坐马，令身体旋转90°，右手亦旋转90° 落在右脚正上方，左手护手不变。

●动作要领:

腰、步、手的旋转同时到位；目光始终随着问手转移。

■易犯错误:

旋转的角度不够;

旋转时上身后仰。

四、咏春拳的脚法

咏春说脚法而不是腿法，是区别于北方拳术而言的。
南拳北腿，特别是咏春里面，七分用拳三分用脚，
而且没有用腿脚攻击对方头部的招式，起脚最高亦只是打到心口。
不过，近几年很多年轻人练习咏春起脚都越来越高了，
除了韧带好，当然还是受了电影的影响，只要能保持平衡，起脚高点儿不是太大问题。

正踢脚

咏春无影脚之一，可以打到对方的腹部或者心口。

[1] [2] [3] [3]侧面

动作步骤：

以左正踢脚为例：

[1] 以左坐马、问路手为起式，左手为问手，右手为护手；

[2、3] 身体重心移至右脚，左脚靠近右脚内侧，抬脚，脚尖钩起，以脚尖为发力点朝上踢击；两手不变。

●动作要领：

脚踢的高度在裆部与胸口之间为宜；站立脚微屈，保持上身中正平衡。

■易犯错误：

踢击脚没有先靠近支撑脚而直接原位抬脚；

上身后仰。

斜撑脚

类似北派武术的侧踹，但在咏春里击打点高不过膝。

[1] [2] [3] [4]

动作步骤：

以右斜撑脚为例：

[1] 以右T字马、问路手为起式，右手为问手，左手为护手；

[2] 身体重心后移，右脚屈膝抬起；

[3、4] 身体向左倾斜，重心完全落在左脚，右手下落呈低膀手，右脚以脚掌外侧为发力点向右前45°方向踹击；双眼目视右脚。

●动作要领：

斜撑脚的高度不超过站立脚的膝盖；站立脚微屈，保持身体平衡。

■易犯错误：

击打点过高；

上身极度后仰。

横扫脚

咏春无影脚之一，专打对方膝盖以下胫骨。

[1]

[2]

[2]侧面

动作步骤：

以左横扫脚为例：

[1] 以左坐马、问路手为起式，左手为问手，右手为护手；

[2] 身体重心移至右脚，左脚抬起，脚尖钩起，以脚弓为发力点朝右前方45°扫击，两手不变。

●动作要领：

扫脚到位后，高度不超过站立脚的膝盖；注意保持上身中正平衡。

■易犯错误：

扫脚过高；

上身后仰。

师父曰：

无影脚其实不是只有黄飞鸿会用的。咏春脚法施展时，肩膀不动突然起脚，出脚毫无征兆，对方已然中招，这就是无影脚！

后扫脚

在圈马食位到对方脚后扫击小腿后侧的脚法，配合摔法效果尤佳。

[1] [2] [3] [4] [4]侧面

动作步骤：

以右后扫脚为例：

[1] 以左T字马、问路手为起式，左手为问手，右手为护手；

[2] 身体重心移至左脚，右脚上前，右手前送，左手后拉；

[3] 右脚经左脚内侧向前探出，右手在右上方举起，左手做护手；

[4] 右手往前下按，右脚以脚后跟为发力点往右后方回侧扫击，身体稍稍前俯并向左倾斜；双眼目视右脚跟。

●动作要领：

扫脚到位后，高度不要超过站立脚的膝盖；站立脚微屈，注意保持平衡；

同侧手的下按和脚后扫同时到位。

■易犯错误：

扫脚过高；

上身过度前俯。

师父曰：

“食位”是粤语，就是出其不意占据对方下一步要移动到达的位置。所以粤语很简练，只用两个字即可表达。

咏春少女肖嘉丽（左）、刘小娟

咏春解密档案一：
谁家娘子谁家拳

严咏春是佛山咏春派公认的始祖，传说江湖第一女高手五枚将蛇鹤斗法的拳术教给严咏春，此种拳术脱离一般技击窠臼，以全新的心法冠绝武林，后人以咏春之名来命名此种武功。由于五枚身负天地会反清复明秘密使命，故叮嘱严咏春日后勿忘光复汉族基业、以所学武功矢志反清。

有关严咏春的事迹，由于当时没有历史文字记载，故只是存在于咏春派的传说以及武侠小说里，到了现代，由于有电影和电视，编剧更是发挥了无限的想象力，创作了大量的与咏春有关的作品。在这里，笔者仅将收集到的严咏春有关版本介绍如下，与大家一起分享。

佛山咏春派坚持的版本

佛山咏春派代代相传五枚师太是咏春拳的创始人。严咏春是广东人，叶问宗师遗文《咏春拳源流》说“先祖严咏春氏，原籍广东”。父亲严二，母亲不详，可以认为严咏春自幼丧母，是严家独女。严氏父女从广东出走，多半是避难，不然谁愿意背井离乡呢？叶问宗师的遗文说严二是被人诬陷差点入狱没命的。为何被人诬陷原因不详，不过倒是可以推测一个普通百姓若被诬陷为“天地会”成员或暗通“天地会”，那很容易被错杀枉死的。在叶问宗师的遗文里，五枚直接传拳于严咏春。而阮奇山咏春一脉，则说五枚先传于苗顺，苗顺传于严二，严二再传严咏春。苗顺，可能也叫苗显，苗显是谁？就是传说中苗翠花的父亲、方世玉的外公也，位列少林五老，即五枚、白眉、至善、冯道德、苗显（苗顺），是福建九莲山少林寺在乾隆年间被清兵攻破后逃出的五个顶尖高手。

严咏春以功夫打败逼婚的土霸，以此为情节的电影有两出，1994年的《咏春》（又名《红粉金刚》），由杨紫琼扮演严咏春，另一部是2010年的《功夫咏春》，严咏春由新人白静饰演。这两部片子基本上都是取材于叶问宗师那篇著名的《咏春拳源流》遗文，比较忠实地再现了严咏春和她的夫婿：梁博俦（在电影里叫梁博涛或梁伯滔）。但是，前者在武戏里基本看不到什么咏春手法，严咏春除了开头站一个钳阳马摆了一个摊手后，打的都是其它拳的招式；后者只有五枚动辄教严咏春拳术口诀的情节，却在观众口碑里落下“咏春教学片”的评价。

叶问说梁博俦是福建的盐商，严咏春自小就与梁博俦定了娃娃亲的（“自幼由父母做主，许字福建盐商梁博俦”）。不过佛山其它咏春宗枝的传说却说梁博俦是广东人，不是卖盐的，而是买卖茶叶的。按道理在清朝盐业由官方垄断和采办，普通百姓贩卖私盐是要入罪的，所以梁博俦是盐商的可能性比买卖茶叶要小很多。除非梁博俦是“盐帮”中人，所谓盐帮是跟官府勾结后特许的运输贩卖私盐的帮派，但以盐帮的活动范围，似乎又不是在福建。盐帮之兴，自汉朝起于江淮流域，贩运活动路线分南北和东西两线，南北以大运河为路线；东西向一般沿长江直到西北。

按照叶问宗师的说法，严咏春把咏春拳首先传给夫婿梁博俦，梁博俦又传给梁兰桂（据说是侄

咏春侠侣——严咏春与梁博俦

子），梁兰桂传佛山粤剧伶人黄华宝、梁二娣，之后是梁赞。《梁慎远堂族谱》记载，梁赞家族始祖梁元定在南宋时在中原经广东南雄珠玑巷迁往鹤山，据说梁二娣是梁赞的同乡，那么梁兰桂是不是也同为鹤山人呢？按照咏春拳传授慎之又慎的传统，同乡相传是极有可能的事情，倘若如此，那么梁博俦也应该是鹤山人了。另外，咸丰四年（1854 年）在广东以佛山为中心爆发的天地会“红巾军”起义，就有鹤山人梁培友在家乡领导的一支起义军，后来梁培友部与陈开、李文茂（粤剧伶人）部会合后一同打到广西浔州（今桂平）建立“大成国”而封王。天地会中宗亲乡情浓郁，所以梁博俦、梁兰桂、梁二娣、梁赞和梁培友是族亲兼同乡的机率极大。

阮奇山嫡孙阮祖棠师父写给我的传承表中，梁博俦则直接传技粤剧红船的大花面锦（陆锦）。看来无论说法如何，最后都指向佛山粤剧红船子弟。

“我是山人”小说的版本

说起武侠小说，大家对金庸、梁羽生等的作品都非常熟悉，殊不知早在 20 世纪三四十年代中国就已经掀起一阵技击小说的热潮，其中有一个笔名叫“我是山人”的，撰写了多部作品，如《三德和尚三探西禅寺》、《洪熙官》系列、《佛山赞先生》等，至今仍影响深远。我是山人，原名陈鲁劲，新会人，早年在佛山出生和居住，是叶问的老街坊。据佛山咏春派霍超师伯说，我是山人曾是他儿时的老师，为写技击小说，我是山人在佛山经常去找各门各派的师父如吴仲素、叶问等聊天搜集素材，而霍师伯的启蒙咏春师父梁福初就给我是山人讲过许多武林掌故。

在我是山人的《洪熙官》系列里，严咏春竟然成了洪熙官的老婆！故事是这样的：乾隆三十二年八月（1767 年），峨嵋派白眉道人首徒高进忠奉乾隆皇帝密旨，与白眉道人和武当派领袖冯道德，勾结清兵，火烧福建九莲山少林寺。是役，少林英雄三德和尚、胡惠乾、童千斤、李锦纶、年瑞卿、方美玉、方孝玉皆战死，只有至善禅师、洪熙官、方世玉、李翠屏四人逃脱，洪熙官之妻武花云亦殉难。洪熙官逃亡到广东花县（今广州花都），遇到卖武的柳迎春，结为夫妇。柳迎春是五枚师太门下徒孙，深造白鹤拳。后来在与白眉、冯道德的战斗中，柳迎春战死，临死前将自己的好姐妹严咏春托付给洪熙官，严咏春创出虎鹤双形拳，嫁与洪熙官，后洪熙官之子洪文定与胡惠乾之子胡阿彪击杀白眉，报深仇大恨。

咏春剪纸 邓燕平作

《洪熙官大闹峨嵋山》书中写道："严咏春是墟中豆腐佬严老四之女，年约二十有三，貌美而贤淑，人称之曰豆腐西施。"原来"豆腐西施"不只是鲁迅小时候的街坊杨二嫂，广东的"豆腐西施"可比浙江的厉害多了。

在书中，柳迎春与严咏春是师徒兼闺密，有一段文字很有意思，摘录如下："什么叫迎春派！原来就是白鹤派，后来迎春教授一个女徒曰严咏春者，严咏春得其秘诀更参考白鹤搏斗时之姿态，苦心练习，成为南拳中之拳术大家，即广东人所谓咏春派之咏春三娘是也。却原来实自洪熙官之妻室柳迎春所创，后人以讹传讹，只知有咏春，而不知有迎春，实误也。但白鹤派亦非创自柳迎春，而创自五枚尼姑者……"陈鲁劲言之凿凿，倘若当其为真，只怕"咏春拳"要改名为"迎春拳"了。嫁错人事大，改拳名更大，光凭陈鲁劲之言，恐怕如今全世界千万咏春派弟子断断不会答应。

我是山人的技击小说对后世影响极大，以至于后来许多影视作品都以其小说情节为素材发挥。1994 年的香港电视连续剧《洪熙官》便是角色设置和情节极为相似的一部：洪熙官父亲洪亭南是朝廷武官，暗地里的身份却是反清复明力量的领袖赤龙，身份败露后，洪家家破人亡。为了报仇，洪熙官到南少林寺拜师学艺，结识了方世玉，师弟高进忠贪图利禄，背叛少林，与白眉、冯道德火烧少林寺。五枚、咏春和三德和尚也是剧中的人物。严咏春苦求之下，五枚教给严咏春一种在梅花桩上练习的拳法，命名为咏春拳。而洪熙官练成虎鹤双形拳，与严咏春结为夫妇诛杀高进忠、白眉、冯道德报仇。

有意思的是，甄子丹在电视剧《洪熙官》里饰演洪熙官，而在电影《咏春》里饰演梁博滔，两个都是严咏春的老公。

而后来我是山人在《洪熙官三建少林寺》书中，将严咏春改姓说为方世玉侄女方永春（严老四是养父）：“而方永春随小云尼姑（五枚弟子）再学白鹤拳，亦悉心练习，其后创立永春拳自成一家，与洪熙官之洪家拳，分道扬镳，永垂不朽，以传至今。其后少林弟子，在少林寺中建一永春殿，以纪念方永春，此是后话，暂且不表。”咏春就是这样变成了永春。

不过，我是山人后来在 1952 年出版的《佛山赞先生》一书里，在第一回将严咏春的夫家做了更正：“但山人据佛山咏春派老拳师吴仲素所述，则方永春另有其人。佛山之咏春派乃咏春而非永春，一字之差，世人乃误咏春为永春。咏春派拳创自福建豆腐女严咏春，严咏春传于其夫梁博球……”梁博球，就是梁博俦的谐音。陈鲁劲最终还是亲手还原了咏春拳的真相。并在自序中特别声明：“山人幼从咏春派名手吴仲素叶问两师父游，两师皆为咏春派师父陈华顺之高足（即找钱华），故于咏春派之源流历史，知之亦最稔……本书材料，蒙两师之指导良多，事皆信而有征，非凭空虚构者可比，读者诸君，幸留意焉。”

香港电视另一版本

香港无线电视在 1987 年播出 20 集的电视剧集《少林与咏春》，由民间流传之南少林英雄故事改编而成，剧情如下：

奸臣和珅毒计消灭少林，为洪熙官之子洪文定洞悉向三德和尚求助，沿途被和珅的杀手追杀。和珅因私怨而诬陷朝廷将军梁柏滔，抄斩梁家，只得梁家独子梁世显逃脱，得粤剧戏班班主女儿严咏春收留。和珅派其子敬德追杀梁世显，遇上严咏春，产生爱意，而严咏春却只钟情梁世显。和珅下令盗取少林秘笈，三德邀陆阿采、童千斤等一班同门相助。戏班遭和珅毒手，只得世显、咏春逃脱，二人同投三德门下学武。敬德率兵攻至，火烧少林寺。严咏春在新仇旧恨下，创出咏春拳，与梁世显打败敬德，更助新登基的嘉庆皇帝剿灭谋反的和珅。

在这出剧集里，没有提到五枚，咏春拳完全是严咏春所创。严咏春为了练出狭窄空间里爆发的寸劲，竟呆在一个枯井里练习，最后练成标指，真是不得不佩服编剧的创造力。编剧把严咏春嫁给了梁柏滔的儿子，不过还好，始终还是梁家的媳妇。不过，香港影视明星米雪饰演的严咏春，英姿飒爽、娇俏可爱，有后来琼瑶阿姨笔下的还珠格格的影子。米雪在剧中演武打戏身手矫健，表演粤剧极富功架，是笔者见过演得最好的严咏春。

无论严咏春是谁家的娘子，但是咏春拳是以严咏春的名字来命名的说法，从古到今成为了大众的共识。特别是佛山赞先生确立的佛山咏春派，更是尊严咏春为本门始祖，赞先生的后人数代供奉咏春三娘的木像，就是为了纪念这个不平凡的女性。

咏春堂
绿净堂
小桥流水盛世江南

第四部分

动作身形，立念为上
——咏春拳套路之小念头

咏春堂

咏春拳的动作体系，
清晰明了、切实严谨，
没有华而不实的东西。
学完基础单招，
即可进入基础套路——小念头的练习。
何谓小念头？
粤语里小与少同音，小念头就是少念头，
少念头就是没念头，
意为摒弃杂念，
全身心进入咏春专一的境界。

一、为什么说“念头不正，终归不正”

有一次和张卓庆师父茶聚，
我问：“练了60年的咏春，您认为咏春拳里什么最重要？”
师父呷了一口茶，放下茶杯，
一字一顿地说：“小念头，小念头，还是小念头！”

小念头，很多人不明白这个套路怎么会有这样奇怪的名字。何谓小念头？粤语里“小”与“少”同音，小念头就是少念头，少念头就是没念头，意思就是在练习咏春的时候，要忘掉所有杂念，完全进入咏春专一的境界。

小念头，是咏春拳里最初级的套路。小念头，看起来简单，做得好不容易。小念头在咏春拳的许多不同的宗支里，虽然动作风格各有差异，但是原理却是一样的。在小念头里面，包含着直线攻击、中线防御、肘中枢和内外门控制四大原理，这就是组成咏春技击庞大体系的四根基柱。

直线进攻，强调永远循着进攻者和对方之间最短的直线路径实施打击。在小念头里，日字冲拳、正掌、横掌等技法，无一不是最短的直线。咏春拳的拳、掌、指，发出时不需要先将手后引再打出，也没有像西方拳击的勾拳、摆拳等弧线击打，就是应一句老话：人走弓，我走弦，用平面几何的概念解释就是两点之间，直线最短。

中线防御，是为了达到两个目的：一是保护身体要害。从头到脚，一条假定的中线将身体分为左右两半。在这条中线的周围，均是人体的要害：眼睛、鼻子、嘴、下颌、咽喉、心门、腹部、裆部，等等，保护了中线位置，就等于避免身体要害遭受打击。二是满足咏春拳精简经济的技击思想。无论是直线形渗透式的摊手，还是斜线形挡开式的膀手，抑或是直线形横向击打的拍手、按手，都只是将对方的劲力偏移到中线外即可，不需要大开大合将力使尽，这样有助于运用寸劲和节省力气，令咏春拳有极高的性价比。

咏春拳非常重视肘部的应用，在中线防御里面，沉肘向内归中是被所有师父强调的，把肘部放置在身体中央，可以令手在最短的距离到达上下左右的位置，动作最少，从而达到在时间上最快。

2008年，梁旭辉与张卓庆师父

而对于直线进攻，肘底力是寸劲发动的动力，以日字冲拳为例，肘底前冲发力至手腕会比单纯摆动前臂所产生的力量大得多，而按手、搁手等控拿动作，同样需要肘部发力后引带动手腕，此种力量又叫“无情力”，其实也是寸劲的一种，只不过是向下的寸劲而已。在小念头的练习中，我们一定要训练自己的肘部如何摆在正确的位置、如何应用肘底力来发动寸劲。

小念头的动作是左右平衡的，每次出不同的手法都以左为先，意在训练右脑。人的右脑具有直观性的整体把握能力、形象思维能力、独创性等，正因咏春拳讲究消打同时、攻防合一，所以右脑的开发对于个人的功力而言是不可欠缺的。由于专长于感知空间和知觉功能的右脑指挥左手，使左手的运动方式更易于发挥空间感知功能，出手快、准、狠。在小念头里，将你的左手训练得跟右手一样便利，是为了在实战中克敌制胜打下一个坚实的基础。

在咏春的概念里，消打同时无定式，没有左手右手之分，对自己而言只有前手和后手，两人对阵时只有同侧手和交叉手之分。两手一前一后做问路手，摆在较前的手叫前手，反之为后手。面对对手，各人的前手分别是左右手叫同侧手（镜面原理），前手都是左手或右手叫交叉手。在咏春里面，进攻或防守只需要分为内外两个门：前手的异侧就是内门，同侧就是外门。比如，你的前手是左手，那么位于你左手右侧的区域就是你的内门，左手左侧的区域就是外门。小念头的每次出手，都会形成你自身的内门和外门，如摊手、护手、伏手、膀手等。但圈手是例外，圈手恰恰是由内门转到外门的手法，是为了换位用的。

小念头的动作特点，在于一个“正”字，讲求“中正”。所谓“小念头不正，终归不正”，在演练时，站脚要正，脚尖不内扣不外摆；脊梁要正，上身不前俯不后仰；出手要正，不偏不倚在中线；肩膊要正，不耸肩不送膊。

练习小念头，初学者往往贪快，这是大忌。一定要慢！慢，是为了这几个目的：1. 训练你思想集中、心无杂念，达到物我两忘的境界；2. 训练的手形摆位精准，让肌肉形成习惯记住正确的方位；3. 训练肘底发力，学会运用寸劲（包括无情力）；4. 训练你的心跳和呼吸来配合动作，调节气息，拉伸经络，内外兼修；5. 训练你学会在运动过程中放松肌肉，松而不软、蓄势而发。

等你把小念头慢慢地体会好了，真正实战的时候你就更快了。

小念头，是一辈子都可以练的功夫。

二、小念头套路演练

小念头不正，终生不正。

如果你没有任何的功夫基础，不要紧，

你只要把握一个“正”字，就很容易学好。

如果你练过其他的功夫，也不要紧，

同样把握这个“正”字，在练习小念头的时候暂时忘记其他的功夫，也一样可以练好。

开马

[1]

[2]

[3]

[4]

[5]

[6]

[1] 身体自然站立，双眼目视前方，缓慢呼吸，集中精神；

[2~6] 双手平举握拳，反转夹肘，以双肘为发力点往身体两侧回抽，双拳自腰间上提至胸侧；

注意： 在练习全过程时，双拳不要接触身体，为的是锻炼左右脑同时使用。另请留意，本书所称之顺、逆时针方向皆是对练习者自身而言。

[7]

[8]

[9]

[10]

[11]

[12]

[13]

[7~13] 先左脚后右脚画半圆开马，呈二字钳阳马；

交叉按手、交叉封手、收拳

[14]

[15]

[16]

[14~16] 双拳变掌，沿指尖方向伸出并交叉，掌心朝上，左上右下；然后，手腕反转令掌心朝下，以肘发力运劲至掌外侧，双掌按下置于腹部前，双肘伸直；

[17]

[18]

[19]

[17] 手腕翻转令掌心朝内，同时双手臂屈肘往胸前回收，呈**交叉封手**，左手在内右手在外；

[18、19] 双掌变双拳，以双肘为发力点往体侧回抽，双拳自腰间上提至胸侧收拳。

左右日字冲拳、圈手、摊手、收拳

[20]

[21]

[22]

[20、21] 左拳向右斜出，令左肘归中至前胸，以肘底发力将拳头以寸劲直线弹出，力达拳面，完成**日字冲拳**；

[23]

[24]

[25]

[26]

[27]

[22~27] 左拳变掌，左手夹肘翻转，掌心朝上；继而放松手指，以手腕旋转，令手指朝右、朝下、朝上旋转一周做**圈手**，使掌心朝前、手指朝上（大拇指仍弯扣）；左掌运劲于手指抓握成拳，拳面朝上拳眼朝右，呈**摊手**；接着，左手夹肘，翻转拳头令拳眼朝左、拳面朝前；左手屈肘回抽，左拳自腰间上提至胸侧；

[28]

[29]

[30]

[31]

[32]

[33]

[34]

[28~34]（左手换成右手，依次重复22~27的动作）右拳向左斜出，令右肘归中至前胸，以肘底发力将拳头以寸劲直线弹出，力达拳面，完成**日字冲拳**。右拳变掌，右手夹肘翻转，掌心朝上；继而放松手指，以手腕旋转，令手指朝左、朝下、朝上旋转一周做**圈手**，使掌心朝前、手指朝上（大拇指仍弯扣）；右掌运劲于手指抓握成拳，拳面朝上拳眼朝左，呈**捵手**；接着，右手夹肘，翻转拳头令拳眼朝右、拳面朝前；右手屈肘回抽，右拳自腰间上提至胸侧。

左一摊三伏

[35]

[36]

[37]

[35~37] 左拳变掌，沿指尖方向斜出，令左肘归中至前胸，以肘底发力令左掌缓缓向前摊出，呈**左摊手**，指尖的高度与下颔平齐（此为“一摊”）；

[38]

[39]

[40]

[41]

[38~41] 左手放松手指，手腕旋转，令手指朝右、朝下、朝上顺时针旋转一周做圈手，最后掌根发力以寸劲下沉呈**护手**，掌心朝右、手指朝上（大拇指仍弯扣）；护手缓慢回收至颈部；

[42]

[43]

[44]

[45]

[42、43] 左手再次放松手指、自然下垂，大拇指轻按于中指第三截，手腕往前下压、移至上腹，手臂夹肘归中呈**伏手**，接着以肘发力将伏手前送并稍向上提起，高至胸前，手指斜向下（此为“一伏”）；

[46]

[47]

[48]

[49]

[50]

[44~48] 左手手指放松，手腕旋转，令手指朝右、朝下、朝上顺时针旋转一周做**圈手**，最后掌根发力以寸劲下沉呈护手，掌心朝右、手指朝上（大拇指仍弯扣）；护手缓慢回收至颈部；

[49、50] 左手手指自然下垂，大拇指轻按于中指第三截，手腕往前下压、移至上腹，手臂夹肘归中呈**伏手**，接着以肘发力将伏手前送并稍向上提起，高至胸前，手指斜向下（此为“二伏”）；

[51] [52] [53] [54] [55]

[51～55] 左手放松手指，手腕旋转，令手指朝右、朝下、朝上旋转一周做**圈手**，最后掌根发力以寸劲下沉呈**护手**，掌心朝右、手指朝上（大拇指仍弯扣）；护手缓慢回收至颈部；

[56] [57]

[56、57] 左手手指自然下垂，大拇指轻按于中指第三截，手腕往前下压、移至上腹，手臂夹肘归中呈**伏手**，接着以肘发力将伏手前送并稍上提起，高至胸前，手指斜向下（此为“三伏”）；

[58] [59] [60] [61] [62]

[58~62] 左手放松手指，手腕旋转，令手指朝右、朝下、朝上旋转一周做**圈手**，最后掌根发力以寸劲下沉呈**护手**，掌心朝右、手指朝上（大拇指仍弯扣）；护手缓慢回收至颈部（至此为“左一摊三伏”）。

左横拍手、格手、正掌、反掌、圈手、揦手、收拳

[63]

[64]

[65]

[63] 左掌以肘底发力运劲于掌侧拍出至右肩，手指朝上，呈**左横拍手**；

[64] 左手肘部保持不动，左掌掌心朝前，以掌外侧发力使前臂移至胸前成为**格手**；

[65] 肘底发力运劲于掌根、掌外侧，然后以前臂的寸劲通过胸前的中线位置拍出，手臂伸直呈**正掌**；

[66]

[67]

[68]

[69]

[70]

[71]

[66~71] 左手夹肘翻转，掌心朝上；继而放松手指，以手腕旋转，令手指朝右、朝下、朝上顺时针旋转一周做**圈手**，使掌心朝前、手指朝上（大拇指仍弯扣）；左掌运劲于手指抓握成拳，拳面朝上，拳眼朝右，呈**揦手**；接着，左手夹肘，翻转拳头令拳眼朝左、拳面朝前；左手屈肘回抽，左拳自腰间上提至胸侧。

右一摊三伏

[72]

[73]

[74]

[75]

[76]

[72、73] 右拳变掌，沿指尖方向斜出，令右肘归中至前胸，以肘底发力令右掌缓缓向前摊出，呈**右摊手**，指尖的高度与下颔平齐（此为“一摊”）；

[74～76] 右手放松手指，手腕旋转，令手指朝左、朝下、朝上逆时针旋转一周做**圈手**，最后掌根发力以寸劲下沉呈**护手**，掌心朝左、手指朝上（大拇指仍弯扣）；护手缓慢回收至颈部；

[77]

[78]

[77、78] 右手手指自然下垂，大拇指轻按于中指第三截，手腕往前下压、移至上腹，手臂夹肘归中呈**伏手**，接着以肘发力将伏手前送并稍向上提起，高至胸前，手指斜向下（此为“一伏”）；

[80]

[82]

[79]

[81]

[83]

[79~83] 右手放松手指，手腕旋转，令手指朝左、朝下、朝上逆时针旋转一周做**圈手**，最后掌根发力以寸劲下沉呈**护手**，掌心朝左、手指朝上（大拇指仍弯扣）；护手缓慢回收至颈部；

[84]

[85]

[84、85] 右手手指自然下垂，大拇指轻按于中指第三截，手腕往前下压、移至上腹，手臂夹肘归中呈**伏手**，接着以肘发力将伏手前送并稍向上提起，高至胸前，手指斜向下（此为“二伏”）；

[86]

[87]

[88]

[89]

[90]

[86~90] 右手手腕旋转，令手指朝左、朝下、朝上逆时针旋转一周做**圈手**，最后掌根发力以寸劲下沉呈**护手**，掌心朝左、手指朝上（大拇指仍弯扣）；护手缓慢回收至颈部；

[91]

[92]

[91、92] 右手放松手指、自然下垂，大拇指轻按于中指第三截，手腕往前下压、移至上腹，手臂夹肘归中呈**伏手**，接着以肘发力将伏手前送并稍向上提起，高至胸前，手指斜向下（此为“三伏”）；

[93]

[94]

[95]

[96]

[93~96] 右手手腕旋转，令手指朝左、朝下、朝上逆时针旋转一周做**圈手**，最后掌根发力以寸劲下沉呈**护手**，掌心朝左、手指朝上（大拇指仍弯扣）；护手缓慢回收至颈部。（至此为“右一摊三伏”）

右横拍手、格手、正掌、反掌、圈手、揦手、收拳

[97]

[98]

[99]

[97] 右掌以肘底发力运劲于掌侧拍出至左肩，手指朝上，呈**横拍手**；

[98] 右手肘部保持不动，右掌掌心朝前，以掌外侧发力使前臂移至胸前成为**格手**；

[99] 肘底发力运劲于掌根、掌外侧，然后以前臂的寸劲通过胸前的中线位置拍出，手臂伸直呈**正掌**；

[100]

[101]

[102]

[103]

[104]

[105]

[100~105] 右手夹肘翻转，掌心朝上；继而放松手指，以手腕旋转，令手指朝左、朝下、朝上逆时针旋转一周做**圈手**，使掌心朝前、手指朝上（大拇指仍弯扣）；右掌运劲于手指抓握成拳，拳面朝上拳眼朝左，呈**揦手**；接着，右手夹肘，翻转拳头令拳眼朝右、拳面朝前；右手屈肘回抽，右拳自腰间上提至胸侧。

左右按手、双后按手、双前按手

[106]

[107]

[108]

[106~108] 左拳变掌，手腕翻转令掌心朝下，以肘发力运劲于掌根、掌外侧，左掌朝左前下方以斜撑按出，手指朝前，呈**左按手**；

[109]

[110]

[111]

[111]背面

[109、110] 紧接着右拳变掌，手腕翻转令掌心朝下，以肘发力运劲于掌根、掌外侧，右掌朝右前下方以斜撑按出，手指朝前，呈**右按手**；

[111] 双掌后摆置于身后，指尖指向后腰，以肘发力运劲于掌根按下呈**双后按手**；

[112]

[113]

[112、113] 双掌摆置于胸前，指尖朝前，以肘发力运劲至掌根及掌外侧，双掌朝前下方以斜撑按出，呈**双前按手**。

双叠桥手、双杀颈手、换桥手

[114]

[115]

[116]

[117]

[114、115] 双手交叉，左手在前右手在后，以双肘发力，双手飞起至双掌平行平置于胸前，左手在上右手在下，呈**叠桥手**；

[116、117] 双掌下按后分开，运劲于双掌外侧，由下而上各朝两侧斜击至手臂伸直，双掌高于颈部，呈**双杀颈手**；

[118]

[118] 双肘弯曲令双掌回收至胸前，双掌平行平置，右上左下，呈**换桥手**。

双摊手、窒手、标指、下拍手、顶手、反掌、圈手、揦手、收拳

[119]

[120]

[121]

[122]

[119、120] 双肘下沉令双掌交叉，手腕翻转令掌心朝上，双肘归中、双掌朝前送出，呈**双摊手**；

[121] 双肘不动，手腕翻转令掌心朝下，以掌根为发力点并用寸劲下挫，手指自然朝上，呈**双窒手**；

[122] 以肘底发力运劲至指尖，双手手指同时用力向前标出，掌心朝下，呈**双标指**；

[123]

[124]

[125]

[123、124] 双肘下沉，运劲于掌根及掌外侧，双手掌朝前下方拍击，呈**双下拍手**；

[125] 双手猛地抬起，手腕向上顶，手指自然下垂，呈**双顶手**；

[126]

[127]

[128]

[129]

[130]

[131]

[126~131] 双手夹肘翻转，掌心朝上**反掌**；继而放松手指，双手腕同时旋转，令手指向内、向下、向外、再向上旋转一周做**圈手**，使掌心朝前、手指朝上（大拇指仍弯扣）；双手手掌运劲于手指使其抓握成拳，拳面朝上拳眼相对，呈**双揦手**；接着，双手夹肘，翻转拳头令拳眼各自朝外、拳面朝前；双手屈肘回抽，双拳自腰间上提至胸两侧。

左横拍手、左横掌、反掌、圈手、揼手、收拳

[132]

[133]

[134]

[135]

[132、133] 左掌以肘底发力运劲于掌侧拍出至右肩，手指朝上，呈**左横拍手**；

[134、135] 左肘归中，手掌摆置于胸前，手指朝左、掌心朝前，肘底发力运劲于掌根及掌外侧用寸劲击出，指尖朝左，呈**左横掌**；

[136]

[137]

[138]

[139]

[140]

[141]

[136~141] 左手夹肘翻转，掌心朝上**反掌**；继而放松手指，以手腕旋转，令手指朝右、朝下、朝上顺时针旋转一周做**圈手**，使掌心朝前、手指朝上（大拇指仍弯扣）；左掌运劲于手指抓握成拳，拳面朝上拳眼朝右，呈**揦手**；接着，左手夹肘，翻转拳头令拳眼朝左、拳面朝前；左手屈肘回抽，左拳自腰间上提至胸侧。

右横拍手、右横掌、反掌、圈手、揦手、收拳

[142]

[143]

[144]

[145]

[142、143] 右掌以肘底发力运劲于掌侧拍出至左肩，手指朝上，呈**右横拍手**；

[144、145] 右肘归中，手掌摆置于胸前，手指朝右、掌心朝前，肘底发力运劲于掌根及掌外侧用寸劲击出，指尖朝右，呈**右横掌**；

[146]

[147]

[148]

[149]

[150]

[151]

[146~151] 右手夹肘翻转，掌心朝上**反掌**；继而放松手指，以手腕旋转，令手指朝左、朝下、朝上逆时针旋转一周做**圈手**，使掌心朝前、手指朝上（大拇指仍弯扣）；右掌运劲于手指抓握成拳，拳面朝上拳眼朝左，呈**揦手**；接着，右手夹肘，翻转拳头令拳眼朝右、拳面朝前；右手屈肘回抽，右拳自腰间上提至胸侧。

左摊手、拦手、摊手、圈手、横掌、反掌、圈手、揦手、收拳

[152]

[153]

[154]

[155]

[152、153] 左拳变掌，沿指尖方向斜出，令左肘归中至前胸，以肘底发力令左掌缓缓向前摊出，呈**左摊手**，指尖的高度与下颌平齐；

[154、155] 左掌回收至胸前，手腕翻转至掌心朝下，手掌运劲于掌外侧并朝前下方拦击，手肘伸直，掌心朝下，指尖朝右，呈**左拦手**；

[156]

[157]

[158]

[156~158] 左掌回收至胸前，手腕翻转至掌心朝上，接着手腕沿指尖方向斜出，令左肘归中至胸前，以肘底发力令左掌缓缓向前摊出，呈**左摊手**；

[159]

[160]

[161]

[162]

[159~162] 左掌顺时针做**左圈手**，同时左肘回收，紧贴左胸，当圈手的手指朝左时肘底发力以**左横掌**击出；

[163]

[164]

[165]

[166]

[167]

[168]

[163~168] 左掌**反掌**令掌心朝上，继而放松手指，以手腕旋转，令手指朝右、朝下、朝上顺时针旋转一周做**圈手**，使掌心朝前、手指朝上（大拇指仍弯扣）；左掌运劲于手指抓握成拳，拳面朝上拳眼朝右，呈**揿手**；接着，左手夹肘，翻转拳头令拳眼朝左、拳面朝前；左手屈肘回抽，左拳自腰间上提至胸侧。

右摊手、拦手、摊手、圈手、横掌、反掌、圈手、揦手、收拳

[169]

[170]

[171]

[172]

[169、170] 右拳变掌，沿指尖方向斜出，令右肘归中至前胸，以肘底发力令右掌缓缓向前摊出，呈**右摊手**，指尖的高度与下颌平齐；

[171、172] 右掌回收至胸前，手腕翻转至掌心朝下，手掌运劲于掌外侧并朝前下方拦击，手肘伸直，掌心朝下，指尖朝左，呈**右拦手**；

[173]

[174]

[173、174] 右掌回收至胸前，手腕翻转至掌心朝上，接着手腕沿指尖方向斜出，令右肘归中至胸前，以肘底发力令右掌缓缓向前摊出，呈**右摊手**；

[175]

[176]

[177]

[178]

[175~178] 右掌逆时针做**右圈手**，同时右肘回收，紧贴右胸，当圈手的手指朝右时肘底发力以**右横掌**击出；

[179]

[180]

[181]

[179~184] 右掌**反掌**令掌心朝上，继而放松手指，以手腕旋转，令手指朝左、朝下、朝上逆时针旋转一周做**圈手**，使掌心朝前、手指朝上（大拇指仍弯扣）；右掌运劲于手指抓握成拳，拳面朝上拳眼朝左，呈**揦手**；接着，右手夹肘，翻转拳头令拳眼朝右、拳面朝前；右手屈肘回抽，右拳自腰间上提至胸侧。

[182]

[183]

[184]

左膀手、底掌、反掌、圈手、捌手、收拳

[185]

[186]

[187]

[188]

[185、186] 左拳变掌，抬肘，手腕翻转令掌心朝下，手腕置于胸前成**左膀手**；

[187、188] 左肘归中，手腕翻转令掌心朝前、手指朝左，接着以肘底发力运劲于掌根和掌外侧，手掌用寸劲朝前下方击出，手指斜向左下方，呈**底掌**；

[189]

[190]

[191]

[192]

[193]

[194]

[189~194] 左掌**反掌**令掌心朝上，继而放松手指，以手腕旋转，令手指朝右、朝下、朝上顺时针旋转一周做**圈手**，使掌心朝前、手指朝上（大拇指仍弯扣）；左掌运劲于手指并抓握成拳，拳面朝上拳眼朝右，呈**揦手**；接着，左手夹肘，翻转拳头令拳眼朝左、拳面朝前；左手屈肘回抽，左拳自腰间上提至胸侧。

右膀手、底掌、反掌、圈手、揦手、收拳

[195]

[196]

[197]

[195、196] 右拳变掌，抬肘，手腕翻转令掌心朝下，手腕置于胸前成**右膀手**；

[197] 右肘归中，手腕翻转令掌心朝前、手指朝右，接着以肘底发力运劲于掌根和掌外侧，手掌用寸劲朝前下方击出，手指斜向右下方，呈**底掌**；

[198]

[199]

[200]

[201]

[202]

[203]

[198~203] 右掌**反掌**令掌心朝上，继而放松手指，以手腕旋转，令手指朝左、朝下、朝上逆时针旋转一周做**圈手**，使掌心朝前、手指朝上（大拇指仍弯扣）；右掌运劲于手指并抓握成拳，拳面朝上拳眼朝左，呈**揿手**；接着，右手夹肘，翻转拳头令拳眼朝右、拳面朝前；右手屈肘回抽，右拳自腰间上提至胸侧。

左右交替按手

[204]

[205]

[206]

[204~206] 左拳变掌，手腕翻转令手掌朝下，以肘底发力运劲于掌根和掌外侧，手掌以寸劲朝下按出，手指向右，呈**左按手**；

[207]

[208]

[209]

[207~209] 右拳变掌，掌心朝上，右掌置于左肘之上，接着右手腕翻转令掌心朝下，同时左手掌握成拳，手腕翻转令拳心朝上；右掌顺着左肘往下按出，呈**右按手**，左拳顺势回抽收拳；

[210]

[211]

[212]

[210~212] 左拳变掌，掌心朝上，左掌置于右肘之上，接着左手腕翻转令掌心朝下，同时右手掌握成拳，手腕翻转令拳心朝上；左掌顺着右肘往下按出，呈**左按手**，右拳顺势回抽收拳；

[213]

[214]

[215]

[213~215] 右拳变掌，掌心朝上，右掌置于左肘之上，接着右手腕翻转令掌心朝下，同时左手掌握成拳，手腕翻转令拳心朝上；右掌顺着左肘往下按出，呈**右按手**，左拳顺势回抽收拳。

连环日字冲拳、双反掌、圈手、双摊手、收拳

[216]

[217]

[218]

[219]

[220]

[221]

[216~221] 左拳以**日字冲拳**打出，右按手顺势变拳在左拳的下方回抽收拳；右拳再以**日字冲拳**打出，左拳在右拳的下方回抽收拳，形成**连环冲拳**；然后，右拳不动，左拳以**日字冲拳**打出；

[222]

[223]

[224]

[225]

[226]

[227]

[222~227] 双拳变掌，掌心向上，呈**双反掌**；紧接着放松手指，双手腕同时旋转，令手指向内、向下、向外、再向上旋转一周做**圈手**，使掌心朝前、手指朝上（大拇指仍弯扣）；双手手掌运劲于手指使其抓握成拳，拳面朝上拳眼相对，呈**双揦手**；接着，双手夹肘，翻转拳头令拳眼各自朝外、拳面朝前；双手屈肘回抽，双拳自腰间上提至胸两侧。

收马

[228]

[229]

[300]

[301]

[228~301] 双拳变双掌，手腕翻转令掌心朝下，双掌置于左右胸口位置，指尖相对；左脚先朝右脚靠近半步，右脚再向左脚靠近半步使两脚并拢，接着双膝微蹲；双掌缓慢下按至左右腹部的下方，双膝挺直，双掌收至大腿两侧，手指自然下垂，缓慢呼吸，收马完成。至此，小念头套路演练完毕。

咏春解密档案二：佛山功夫六大派

清朝晚期，社会动荡，满清政权由盛转衰、摇摇欲坠；会党崛起，天地会、太平天国起义风起云涌，同盟会革命蓄势待发。正所谓乱世出英雄，在咸丰以降的晚清，英雄辈出，佛山次第出现了众多南派功夫流派，其中有六大拳种流传自今，成为佛山功夫的强大支柱。这六大拳派便是咏春拳、洪家拳、蔡李佛拳、少临南家拳、龙形拳、白眉拳。

咏春拳

咏春拳尊“少林五老”的五枚师太为始祖，以奇女子严咏春来命名，因天地会活动中心转到广东而由粤剧红船子弟传至佛山，其特点是短桥窄马、消打同时、贴身紧逼、擅发寸劲。近代在世界上最流行的佛山咏春拳体系由鹤山人梁赞于咸丰同治年间完善成型而确立，包括三套拳（小念头、寻桥、标指）、刀（八斩刀）棍（六点半棍）桩（木人桩）和双人练习的黐手。梁赞之后，传子梁碧和、徒陈华顺，二者又合传叶问，与叶问同期的吴仲素、雷汝济等都是技艺超群之人。叶问门下猛将甚多，最出名的当属功夫巨星李小龙。另一主要宗支为红船伶人“大花面锦”传下冯小青一脉，与钦州府郝宝全合传佛山阮济云、阮奇山兄弟，阮奇山弟子中岑能为继往开来之名家；而兼具众家所长的姚才，与阮奇山、叶问并称“咏春三雄”，亦传下子姚祺、林瑞文、林瑞波等高足。岑能的启蒙师父张保亦是与“咏春三雄”同期之名师。如今佛山咏春拳弟子多是上述前辈的再传门人。

佛山另一支“刨花莲”咏春相传是清道光年间由南少林寺和尚“大东风”传入，授予南海县西樵山人谢国梁、谢国樟兄弟。“大东风”和尚原本为天地会成员，故传下暗语“永言矢志，毋忘汉族，还我河山，大地回春”，并将前二字“永言”及最后一字“春”组合“咏春”来命名拳术。谢氏兄弟传义子梁洪韬、刘达生，刘达生再传朱忠、郭佳等，朱忠早于叶问到香港定居，而郭佳在佛山终老，如今佛山仍有部分弟子。

洪家拳

洪家拳（简称洪拳）奉“少林五老”的至善为始祖，并尊洪熙官为创拳人。洪家拳位列“洪刘蔡李莫”岭南五大名拳之首，另外的四家创拳人相传分别是刘生（刘家拳）、蔡福（蔡家拳）、李友山（李家拳）、莫清娇（莫家拳）。除蔡家拳、李家拳归于蔡李佛拳外，刘家拳、莫家拳如今已不多见。洪拳在天地会中流传甚广，所以洪拳可以说是洪门的代表拳术。洪拳的代表人物有梁坤（铁桥三）、陆阿采、林福成、王隐林、黄麒英，上述人等在民间位列“广东十虎”。而黄麒英之子黄飞鸿是家喻户晓的英雄人物，精于洪拳和苏乞儿所传的“醉八仙拳”，在 1894 年受聘担任抗法名将刘永福黑旗军的技击总教习。黄飞鸿得意弟子林世荣，南海平洲人，在 1930 年左右编写出版《伏虎拳》、

《铁线拳》、《虎鹤双形拳》等拳谱，开创了广东近代功夫公开出版的先河。

洪家拳是以龙、虎、狮、豹、蛇、鹤、象、马、猴、鹰的象形与特性结合技击方法创编而成。有单形拳术，如龙拳、虎拳等；亦有混合形拳术，如虎鹤双形拳、五形拳、十形拳等。其风格特点是手法丰富，腿法较少，步稳势烈，硬桥硬马，以气催力，以声助威。洪拳的拳械套路多而杂，其主要徒手套路有虎鹤双形拳、五形拳、十形拳、五行拳、铁功三线拳、叠掌、铁线拳、青龙手、武松手、白虎捶、子午捶、大洪捶等。器械有单头棍、双头棍、横头凳、青龙刀、扑刀、双龙拐、双刀、双钩等。洪拳结合南派舞狮，在广东流传甚广，佛山是著名的洪拳重镇，在乡间只要有祠堂，就会有狮子、洪拳。

蔡李佛拳

蔡李佛拳是蔡家拳、李家拳、佛门功夫的集合体。蔡家拳，相传来自五枚师太的七十二擒拿手，由蔡福发展确立；李家拳，相传由少林五祖之李式开所创，由广东新会县（今属江门市）大泽乡七堡村人李友山发展确立。新会县京梅乡人陈享（1815–1875 年）跟李友山、蔡福习得李家、蔡家拳。新会县石咀村人张炎（1824–1893 年）先跟李友山学李家拳，又拜陈享为师学习，在 17 岁时去到广西八排山闸建寺拜天地会成员的青草和尚为师，学得佛门内外八卦拳和医术。艺成后，青草和尚赠名“鸿胜”给张炎，寓意“洪胜”。张炎回乡后与陈享共同研习，创立出集蔡家、李家和佛家功夫于一体的蔡李佛拳。

清朝咸丰元年（1851 年），张炎在佛山设武馆，名为“鸿胜馆”，加入天地会，令蔡李佛拳成为洪门技艺，其礼桩诗曰：“大鹏展翅反天手，魁星踢斗清名留。拱拜五湖复四海，日月拱照万世留。”暗藏“反清复明”四字。张炎之后，由其首徒陈盛（1854–1926 年）继任馆主，陈盛制定严格馆规约束门人行为，提升弟子品德。又大胆改革拳术，将一套拳分为三套拳（长拳、平拳和扣打），适合教学要求。陈盛技艺超群、武德高尚，从者甚多，到 1921 年，鸿胜馆进入鼎盛时期，十三个分馆成员近万。陈盛去世后，其首徒钱维方继任馆主。钱维方在辛亥革命前加入同盟会，率领民军响应武昌首义，攻克佛山宣布光复。1922 年 1 月，钱维方加入中国共产党，之后领导佛山工会联合会，与鸿胜馆弟子、中共党员梁桂华、陈雄志、吴勤等人开展工人革命运动。抗日战争爆发，钱维方、吴勤组织会员开设杀敌大刀训练班，组织抗日自卫队。佛山沦陷后，以蔡李佛弟子为基础的广州市区游击队第二支队由吴勤任司令，与日寇多次作战。纵观蔡李佛拳的历史，经历天地会反清起义、辛亥革命、国内革命工人运动、抗日战争等，在各个历史时期都参与了重大的进步革命活动，这在中国武术史上是十分罕见的。

蔡李佛拳具有以下风格特点：动作舒展大方，活动幅度大；步法稳健灵活，快速多变；多屈膝性腿法、一发连环，更兼手脚齐发；手法全面，长、中、短桥并用，左右开弓；吸气蓄劲，呼气发声，以气催力。蔡李佛拳套路繁多，徒手拳术共有 49 套拳，分初级、中级和高级，由易到难，循序渐进。初级拳套有走生马四门桥、五轮马、五轮捶、小梅花、十字截虎拳、小十字拳等；中级拳套有平拳、十字扣打拳、铁箭拳、平争拳；高级拳套有白毛拳、梅花八卦拳、佛掌拳、虎形、鹤形、狮形、五形拳和十形拳等。器械有刀、枪、剑、棍、戟、斧、耙、钩、锤、鞭、锄、凳、扇、碟（藤制圆盾）等。蔡李佛拳有专门的练功木桩，如秤桩、沙包桩、碎手桩、三星刀桩、三星拳桩、大小八卦桩、大小木人扇桩、大小梅花拳桩、大小竹林桩、梅花棍桩等。

少临南家拳

少临南家拳尊弥勒佛为始祖，以浙江省鹅骑山的江南少临寺为发源地。少临，即少年临入寺之意，倡导世人自少年始行善积德、普度众生。清同治三年（1864 年），清将左宗棠在浙江于太平军激战。清兵追击至鹅骑山，疑太平军受少临寺庇护，遂火烧寺院，僧人多葬身火海，高僧秘德禅师藏身水井幸免于难。寺庙既毁，秘德禅师南下广东，栖身广州白云山弥勒寺。光绪六年（1880 年），秘德禅师云游至广东顺德，见一七岁小童骨骼清奇、勇敢过人，便收其为徒。此位小童便是日后名震广佛的少临南家拳名家梁细苏。

梁细苏（1873–1966 年）自七岁起在白云山学艺十九年，尽得秘德禅师真传，精通少临南家拳法及多种器械，并习得独门伤科正骨跌打医术。梁细苏身怀绝技，在广州、佛山、香港等地收徒授艺、行医济世，将少临南家拳之花拳、罗汉卸衣拳、十大形拳、四丈手、刀剑枪棍术等传播于民间。日寇侵华时，梁细苏在广州沙面曾将两名日军打落河涌，极大振奋民心。梁细苏门徒众多，佛山的袁恩、刘新、邓仲、黄安芝、黄年发、李来、陈添、秦海等皆是佼佼者，目前在佛山已经传至第八代。少临南家拳门下严守宗风，风骨独傲，凡弟子必熟读"师训十陈"：一尊师；二苦练；三灵变；四海升平；五要谦；六忍让；七合人和；八识地利；九效神仙；十但得河水浅，明日到潭关。孔家无二派，临阵见艰难，世上有文须重武，文武双全得全图。而少临南家拳的拳诀，言简意深，颇值品味：露形影力难消形，有影无形难寻形，出手定分生死力，柔化刚打疾极力，若能悟得拳中意，落地生根也一惊！

龙形拳

龙形拳也是奉五枚师太为始祖，相传五枚师太云游时传予广东罗浮山华首台大玉禅师，大玉禅师传高雄民、马鉴、林合、林庆元等。其中林庆元之子林耀桂（1874–1965 年）为龙形拳近代最出名的人物，被誉为"东江老虎"。

林耀桂是广东博罗县（今属惠州）人，六岁习武，天资聪颖，进步神速，二十多岁便做师父授徒。后来得到众位师伯青睐，将龙形绝技和正骨跌打术一一传授于林耀桂。数年后林耀桂艺成下山，称雄东江一带（广东境内水系分为东江、西江、北江），所向无敌。林耀桂民国时期在广州教授武术，20 世纪 30 年代做过燕塘军校武术教官；曾编“抗日杀敌大刀术”，教十九路军官兵抗击侵华日寇。1957 年，79 岁的林耀桂移居香港，开办“龙形拳总会”继续授徒直至去世。林耀桂的佛山弟子曾根，在抗战胜利后加入佛山精武体育会，经当时国操部主任李佩弦介绍，得以拜在林耀桂门下。在 20 世纪 60 年代，曾根将龙形拳在佛山大举传授，深受欢迎。林耀桂另一佛山弟子马齐亦在 20 世纪 70 年代回到家乡佛山三水迳口，传授龙形拳。

如今佛山龙形拳门人甚多，2004 年 12 月，佛山精武体育会龙形拳中心成立，与广州、香港以及国外的龙形拳同人多有来往。龙形拳有 12 套拳，如三通过桥、梅花七路、花拳小马、龙形鹰爪拳、单鞭救主拳、画眉跳架、猛虎跳墙、迫步碎桥、四门迫打等，其中拳术以龙形摩桥最为著名，器械以黄龙穿心棍著称。

白眉拳

白眉拳相传由清乾隆年间四川峨眉山的白眉道长所创，之后传于广慧禅师，再传竺法云禅师和竺缘道长。竺法云禅师传俗家弟子张礼泉，竺缘道长传广州弟子刘少良。另一说法是清道光年间一还俗和尚黄连矫传授给广东惠来县的林合，林合又上罗浮山华首台拜黄连矫师兄广进禅师，艺成后下山开馆授徒，传秦程九、廖锦带、张礼泉等人。

广东高明县（今佛山市高明区）人仇太生（1918–1979 年），自幼习武，先后师从张礼泉弟子夏汉雄、葛肇煌，善使棍，精于“摩吸掌”，习武学医两者兼顾，20 世纪 40 年代开始教拳。到 60 年代，刘少良于佛山定居，亦在佛山推广白眉拳。经刘、仇二人推广，白眉拳曾在 70 年代风靡一时，练习者遍及佛山各地，白眉拳从此成为佛山一大拳派。1998 年 8 月，佛山精武体育会成立白眉拳中心，刘、仇二人的子嗣和弟子济济一堂，桃李芬芳。

白眉派拳术包括“三形、四标、五向、五行、六合、六劲、八式”等要诀。“三形”为身、手、步形态，即圆、扁、薄。“四标”为内劲，即吞、吐、浮、沉。“五向”指五个方向，即上、下、左、右、中。“五行”为用劲之方式，即刚、柔、轻、迅、重。“六合”即是上与下、左与右、前与后三线对争，六面相合。“六劲”为发劲之身体配合，即指、腕、肘、肩、腰、足六个部位，出势发手要求六劲齐发。“八式”为步法结合手形攻击防守的方式，即鞭、割、挽、撞、弹、索、盘、冲。白眉拳的特点是桩势较高，步法稳健，以步带腰，手法密集多变，长短桥兼用，注重内劲。白眉拳拳术套路有小十字、十八摩桥、三门八卦、六劲神摩、地煞、七点梅花、直步、虎步、九步推等；器械套路有飞凤单刀、大阵棍等；其练法要求含胸拔背，沉肩垂肘，两肘不离肋，两手护胸。身形讲求浮沉吞吐，要做到“手随身去，身随步转”。

咏春堂

第五部分

学以致用，咏春拳的技法训练

咏春堂

学咏春是为了什么？
或强身健体，或竞技，或表演，
或实战，或防身……
总归要学以致用。
每个单招，每个套路，
是咏春体系的构成，也是学习的法门，
但所有技法皆应活学活用，
基于其中，却无须拘泥其中。

一、简单组合，快速上手

当你掌握小念头拳的时候，
你只要熟练应用其中的招式，就可以称做一个有功夫的人了。
假如你可以将小念头组合来用的话，你更可以算是好功夫之人。
下面我列举四种简单的组合，都是结合小念头和寻桥的消打动作，
大家可以很轻易地印证这些组合在套路中的影子。

摊打

坐马摊手冲拳，消打同时，长桥发力。

[1]

[2]

[3]

动作步骤：

[1] 呈右坐马问路手，右手问手左手护手；

[2] 右手腕外旋收肘归中准备做摊手，左手回收变拳准备；

[3] 转马成左坐马，同时右手弧线出摊手，左手日字冲拳直线打。

●动作要领：

出拳时腰间发力，以腰带手，坐马送肩出拳
摊手和冲拳的线路以及发力的方向不同。

■易犯错误：

两手未后引做准备；
两手出错，摊手冲拳掉换。

师父教路：

可连续转马左右手互换做到纯熟为止。

按打

坐马按手冲拳，消打同时，长短桥结合。

[1]

[2]

[3]

[4]

动作步骤：

[1] 呈左坐马问路手，左手问手右手护手；

[2] 左手腕内旋沉肘下按成按手，右手握拳准备；

[3、4] 转马成右坐马，右拳在左按手上方直线打出，左手按手在右拳底。

●动作要领：

出拳时腰间发力，以腰带手，坐马送肩出拳，按手和冲拳的线路以及发力的方向不同。

■易犯错误：

按手转马出拳不协调；

两手出错，按手冲拳掉换。

标打

坐马标手冲拳，消打同时，长桥发力。

[1]

[2]

[3]

[4]

动作步骤：

[1] 呈左坐马问路手，左手问手右手护手；

[2] 左手腕内旋张肘掌心向下后引做准备，右手握拳准备；

[3、4] 转马成右坐马，左手斜向上标出做标手，右拳直线打出。

●动作要领：

出拳时腰间发力，以腰带手，坐马送肩出拳。

标手和冲拳的线路以及发力的方向不同。

■易犯错误：

标手转马出拳不协调；

两手出错，标手冲拳掉换。

格打

坐马格手冲拳，消打同时，长短桥结合。

[1]

[2]

[3]

[4]

动作步骤：

[1] 呈右坐马问路手，右手问手左手护手；

[2] 右手腕外旋沉肘掌心向前后引做准备，右手握拳准备；

[3、4] 转马成左坐马，右手以顺时针方向旋转360°，以肘带掌，掌外侧为发力点做格挡，收肘收于右胸，掌心朝前，左拳直线打出。

●动作要领：

出拳时腰间发力，以腰带手，坐马送肩出拳

格手近身弧线发力，冲拳远桥直线发力，非常不同；

可连续转马左右手互换做某一组合或多种组合，做到纯熟为止。

■易犯错误：

格手转马出拳不协调；

两手出错，标手冲拳掉换。

二、单黐手练习，培养攻防的条件反射

单黐手是学习咏春黐手的初级方法，主要用来练习摊、膀、伏手法的攻防技术。

单黐手练习可分为三个阶段。

第一，固定正身位，马不动身不动。

此阶段注意手型和肘底力，双方应该经常互换攻防，别老想自己享受攻击的快意。用力不要太大，为的是训练反应能力。

第二，转马配合单黐手，练习马步的转换和追面朝型。

不过，在练习此阶段时需掌握寻桥套路。

第三，活步单黐手，也就是训练走步，强化身法、步法的控制，进行攻防易势。

如此，已能体验到实战的感觉。

下面挑选了几组具有典型意义的动作来示范，练习者掌握后可举一反三。

单黐手

按手冲拳伏手

[1]

[2]

动作详解：

双方对面开马成二字钳阳马（此预备式下同）

师父（左）：	弟子（右）：
[1] 右伏手（同时）	**[1]** 左摊手（同时）
[2] 右按手（后）	**[2]** 左底掌（先）

●动作要领：

双方以单摊手和单伏手接触，各人肘须归中；

接触时力度轻柔，以皮肤感知对方力量变化

弟子摊手先变底掌，师父伏手感知弟子变招后立即变按手制住弟子。

■易犯错误：

单伏手、单摊手肘未归中；

伏手用力压，摊手用力抬，以力斗力；

伏手未等摊手变底掌而抢先变按手。

[3]

[4]

动作详解：

师父（左）： 弟子（右）：

[3] 右冲拳（先） **[3]** 左摊手（后）

[4] 右伏手（后） **[4]** 左摊手（不变）

●动作要领：

师父按手立即变冲拳打向弟子中线，弟子底掌感知压力解脱立即变招成摊手消师父拳势；师父拳变伏手制住弟子摊手。

■易犯错误：

单伏手、摊手肘未归中；底掌未等按手变冲拳而抢先变摊手；伏手用力压，摊手用力抬，以力斗力。

[5]

[6]

动作详解：

师父（左）： 弟子（右）：

[5] 右摊手（先） **[5]** 左摊手（不变）

[6] 右圈手-右摊手（先） **[6]** 左摊手（不变）

●动作要领：

师父伏手变摊手，做内圈手转入弟子摊手内侧；

弟子摊手不变。

[7]

[8]

[9]

动作详解：

师父（左）：	弟子（右）：
[7] 右底掌（先）	**[7]** 左按手（后）
[8] 右摊手（后）	**[8]** 左冲拳（先）
[9] 右摊手（不变）	**[9]** 左伏手（先）

●动作要领：

与上述相应动作同，唯攻守相易而已。

如是可反复相互掉换左右手分别做攻防练习。

师父教路：

练习过程中，一般初学者会觉得运用摊手、膀手时十分吃力，用伏手才觉得在用力方面占有优势。因此，该示例演示了师父由防到攻的转换，让弟子按此练习，清楚黐手的意义，掌握攻防易势的技巧。

不要急，打好基础，循序渐进，渐入佳境！

摊手底掌膀手

[1]

[2]

[3]

[4]

动作详解：

师父（左）：	弟子（右）：
[1] 左摊手（同时）	[1] 右伏手（同时）
[2] 左底掌（先）	[2] 右按手（后）
[3] 左膀手（后）	[3] 右冲拳（先）
[4] 左膀手（不变）	[4] 右伏手（先）

●动作要领：

弟子按手变冲拳，师父底掌感知压力解脱立即变膀手消弟子拳势。如是可反复相互掉换左右手分别做攻防练习。

■易犯错误：

摊、伏、膀基本动作变形。

师父教路：

“摊伏膀”虽然简单，但却是咏春实战的基本招式，要不厌其烦地反复练习！正所谓：咏春声名显，摊膀伏天下！

摊手正掌伏手冲拳

[1]

[2]

[3]

动作详解：

师父（左）：	弟子（右）：
[1] 左摊手（同时）	[1] 右伏手（同时）
[2] 左正掌（后）	[2] 右圈手（先）
[3] 左正掌（先）	[3] 右底掌（后）

●动作要领：

弟子伏手变圈手，意欲“甩手”在师父桥手底下施展底掌击向师父下腹，师父摊手感知压力解脱立即变正掌以直线击向弟子胸口（“直冲”），此为“甩手直冲”之心法，直线破曲线之用。

■易犯错误：

摊手用力上抬伏手不及防备下方，被圈手趁势溜掉在下施以底掌偷袭；正掌食位后直冲不坚决，贻误战机。

[4]

[5]

[6]

动作详解：

师父（左）：	弟子（右）：
[3] 左伏手（后）	**[3]** 右摊手（先）
[4] 左冲拳（后）	**[4]** 右圈手（先）
[5] 左冲拳（先）	**[5]** 右正掌（后）

●动作要领：

弟子摊手变圈手，意欲“甩手”在师父桥手外门施展正掌击向师父面门，师父伏手感知压力解脱立即变冲拳以直线击向弟子胸口（“直冲”），此亦为“甩手直冲”之心法的另一应用。

■易犯错误：

伏手用力上压摊手不及防备上方，被圈手趁势溜掉在上施以正掌偷袭；冲拳食位后直冲不坚决，贻误战机。如是可反复相互掉换左右手分别做攻防练习。

师父教路：

弟子两次偷袭均被察觉，应吸取教训！

膀手标指

[1]

[2]

[3]

动作详解：

师父（左）：	弟子（右）：
[1] 左膀手（同时）	[1] 右伏手（同时）
[2] 左标指（后）	[2] 右圈手（先）
[3] 左标指（先）	[3] 右底掌（后）

●动作要领：

弟子伏手变圈手，意欲“甩手”在师父桥手底下施展底掌击向师父下腹，师父膀手感知压力解脱立即变标指以肘发力直线击向弟子眼睛（“直冲”），此为“甩手直冲”的又一用法。

■易犯错误：

膀手用力上抬伏手不及防备下方，被圈手趁势溜掉在下施以底掌偷袭；
标指食位后直冲不坚决，贻误时机。

师父教路：

冒着被底掌击中的风险，却直取对方眼睛，此为险中求胜之法，有以小博大之功。注意：此招凶险，一定要留手留力，不然易误伤同门！

●伏手正掌

[1]

[2]

[3]

动作详解：

师父（左）：	弟子（右）：
[1] 左伏手（同时）	[1] 右摊手（同时）
[2] 左正掌（后）	[2] 右圈手（先）
[3] 左正掌（先）	[3] 右横掌（后）

●动作要领：

弟子摊手变圈手，意欲"甩手"在师父桥手内门转到外门施展横掌击向师父颈部，师父伏手感知压力解脱立即变正掌以肘发力直线击向弟子胸口（"直冲"），此为"甩手直冲"的又一用法，后发先至之妙。

■易犯错误：

伏手用力下压摊手不及防备外门上方，被圈手趁势溜掉在外门施以横掌偷袭；

正掌食位后直冲不坚决，贻误战机。

师父教路：

内门被占，容易被对方直线长驱直入！若弟子学精，圈手后以横拍手寻桥，再以横掌占桥，则对方正掌失势，胜负相易！

摊手底掌圈手窒手冲拳伏手

[1]

[2]

[3]

[4]

[5]

[6]

动作详解：

师父（左）：	弟子（右）：
[1] 左摊手（同时）	**[1]** 右伏手（同时）
[2] 左底掌（先）	**[2]** 右按手（后）
[3] 左圈手（先）	**[3]** 右按手（后）
[4] 窒手（先）	**[4]** 右按手（不变）
[5] 左冲拳（先）	**[5]** 右膀手（后）
[6] 左伏手（先）	**[6]** 右摊手（后）

师父教路：

弟子日渐精熟，令师父两次进攻均被化解，好！

●动作要领：

师父主动进攻伏摊手变底掌，弟子感知力量走向立即按手消解；

师父感知弟子力量下压立即“甩手”做圈手由弟子桥手底下溜到外门变窒手寻桥，得桥后立即施展冲拳击向弟子面门；

弟子感知师父力量变化也不怠慢，按手立即变膀手上抬消解师父拳势；

师父伏手扣压弟子膀手，弟子沉肘变摊手，双方位置互换，可由弟子主动进攻双方攻防互易做上述练习。

■易犯错误：

圈手之后未做窒手寻桥得桥就直接冲拳，如此对方易用“甩手直冲”按手直接变底掌击中。如是可反复相互掉换左右手分别做攻防练习。

「摊伏膀」换位练习

[1]

[2]

[3]

[4]

[5]

[6]

[7]

动作详解：

师父（左）：	弟子（右）：
[1] 左伏手（同时）	[1] 右摊手（同时）
[2] 左按手（后）	[2] 右底掌（先）
[3] 左冲拳（先）	[3] 右膀手（后）
[4] 左摊手（后）	[4] 右摊手（先）
[5] 左底掌（先）	[5] 右按手（后）
[6] 左膀手（后）	[6] 右冲拳（先）
[7] 左膀手（后）	[7] 右伏手（先）

师父教路：

摊伏膀，还是摊伏膀！

●动作要领：

弟子主动进攻摊手变底掌，师父感知力量走向按手消解立即施展冲拳击向弟子面门；

弟子感知师父力量变化底掌立即变膀手上抬消解师父拳势；

弟子沉肘变摊手，师父圈手由弟子摊手外门进到内门做摊手，双方位置互换，由师父主动进攻双方攻防互易做上述练习。

■易犯错误：

圈摊伏膀基本动作变形；

双方以力斗力。

摊手伏手横掌

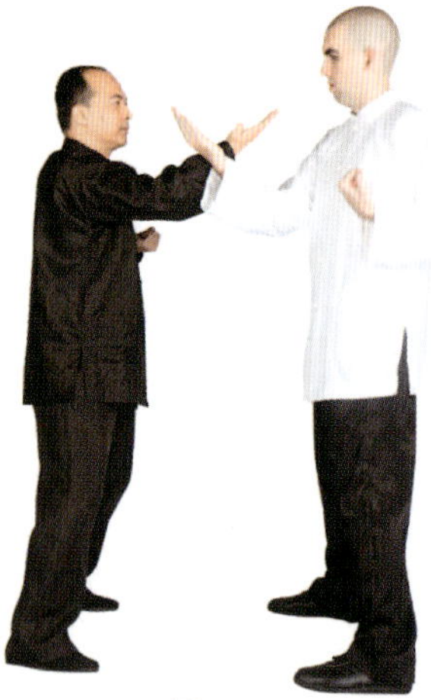

[1]

[2]

[3]

[4]

[5]

动作详解：

师父（左）：	弟子（右）：
[1] 右摊手（同时）	**[1]** 右摊手（同时）
[2] 右按手（先）	**[2]** 右摊手（不变）
[3] 右横掌（先）	**[3]** 右膀手（后）
[4] 右伏手（先）	**[4]** 右膀手（不变）
[5] 右摊手（后）	**[5]** 右摊手（先）

■易犯错误：

先攻方未得桥就进攻，双方以力斗力。

●动作要领：

这是一组“交叉手”的练习：

师父主动进攻摊手变按手寻桥得桥后，立即占桥施展横掌击向弟子面门；

弟子感知师父力量变化底掌立即变膀手上抬消解师父拳势，师父立即变伏手扣住弟子；

弟子沉肘变摊手，师父顺势伏手做摊手，双方位置互换，可由弟子主动进攻双方攻防互易做上述练习。

师父教路：

弟子以膀手拆桥，以一招破师父按手冲拳两招，好！师父冲拳无功立即以伏手封桥，未雨绸缪，也好！否则弟子膀手在师父伸直手臂之桥底直接直肘以杀颈手击向师父腋下要害，胜负互易！

三、双黐手练习，让动作快过意念

在双黐手中，你会感到双方两手之间有两股力量在流动，这两股流动的力像两条隐形的龙，时而曲折盘旋，时而上飞下冲，而且两条龙腾飞的速度和方向每时每刻都不同。

这就需要你两手要同时做出不一样的反应，如同左手画圆右手画方，一心二用。

《射雕英雄传》里老顽童周伯通发明的双手互搏之术，其实在咏春拳里比比皆是！

练习双黐手，应遵循以下步骤：先定步，后活步；先盘手，后离手；先睁眼，后蒙眼。

注意理解以下空间和方位的概念：内门和外门，同侧手和交叉手。

黐手过程中，双手放松最重要。否则肌肉僵硬，感觉灵敏度将大打折扣，反应速度便慢了。

此外，黐手交流，佛山规矩如下：1. 不准起脚；2. 不准插眼封喉点脉；3. 击中三下即收；4. 转身后背对人算输；5. 失稳跌倒算输；6. 留力不留招；7. 裁判喊停即停。

双黐手

盘手对拆——底掌穿手按手冲拳

[1]

动作详解：

师父（左）：

[1] 盘手：左摊手、右伏手（同时）

弟子（右）：

[1] 盘手：左膀手、右伏手（同时）

●动作要领：

双方按顺、逆时针转动盘手，摊手与膀手互易，循环往复。盘手次数多少随意，以手感纯熟为准。最后动作师父做左摊右伏，弟子做左膀右伏。

■易犯错误：

伏手、摊手肘未归中；伏手用力压，摊手用力抬，以力斗力；

摊手和膀手转换不到位；盘手转圈直径过大。

[2]

[3]

[4]

[5]

[6]

●动作要领：

师父以底掌主动进攻，弟子以按手消解立即施以正掌击向师父面门；

师父感知弟子力量走向，底掌迅速在弟子肘底穿出变按手控肘给力（占桥），弟子受力动作变形正掌失势；

师父按手继续以无情力加力（占桥），右拳连续击打弟子左腹及左侧面，实施外门进攻（过门）。

■易犯错误：

进攻方未能控制对方肘部；按手和冲拳不配合。

动作详解：

师父（左）：

[2] 左底掌（先）、右伏手（不变）

[3] 左穿手、右按手（后）

[4~6] 左按手、右连环冲拳（先）

弟子（右）：

[2] 右按手（后）、左膀手（不变）

[3] 右正掌（先）、左膀手（不变）

[4~6] 双手被伏

师父教路：

对方进攻不要慌，他有他打，你有你打，后发先至，控肘一伏二，内门转外门！

盘手对拆——圈手按手冲拳

[1]

[2]

动作详解：

双方对面开马成二字钳阳马（此预备式下同）

师父（左）：

[1] 盘手：左伏手、右膀手（同时）

[2] 盘手：左伏手、右摊手（同时）

弟子（右）：

[1] 盘手：左伏手、右摊手（同时）

[2] 盘手：左伏手、右膀手（同时）

●动作要领：

双方盘手，伏手对摊手，膀手对伏手，伏手、摊手肘须归中；接触时力度轻柔，以皮肤感知对方力量变化；双方按顺、逆时针转动盘手，摊手与膀手互易，循环往复；盘手转动各人手腕保持相对，转圈直径尽量收窄。

■易犯错误：

伏手、摊手肘未归中；伏手用力压，摊手用力抬，以力斗力；

摊手和膀手转换不到位；盘手转圈直径过大。

[3]

[4]

[5]

动作详解：

师父（左）：

[3] 右圈手、左按手（先）

[4] 右按手、左握拳（先）

[5] 右按手、左冲拳（先）

弟了（右）：

[3] 左伏手、右膀手（不变）

[4] 左伏手、右膀手（不变）

[5] 双手被伏

●动作要领：

师父右摊手突然以圈手脱离弟子伏手（抽桥），左伏手立即变按手给力控制弟子右肘（占桥）；

师父右手急速按住弟子右肘并给力（占桥），左手握拳同时击打弟子侧面，于外门攻击。

师父教路：

你用一只手控制对方两只手，叫做“一伏二”，关键要控肘并给力！

■易犯错误：

进攻方未能控制对方肘部；

按手和冲拳不配合。

离手对拆——同侧手单边膀手冲拳

[1]

[2]

[3]

[4]

[5]

[6]

动作详解：

双方不做盘手而直接进行攻防练习，不做盘手称为离手；对拆，也是黐手训练的一部分。二人面对，各自出左右手称为“同侧手”，大家均出左手或右手称为“交叉手”（下同）。

师父（左）：

[1] 钳阳马左问路手（同时）

[2] 左上步左冲拳（先）、右护手（不变）

[3] 左拳、右护手（不变）

[4] 左膀手、右护手（后）

[5、6] 右按手、左冲拳（先）

弟子（右）：

[1] 钳阳马右问路手（同时）

[2] 右坐马右膀手（后）、左护手（不变）

[3] 左按手（先）、右握拳（同时）

[4] 右冲拳、左护手（先）

[5、6] 右膀手、左护手（后）

■易犯错误：

护手未挡在对方拳头外门；按手和冲拳不配合。

如是可反复相互掉换角色分别做攻防练习。

●动作要领：

师父上步冲拳主动进攻，弟子不退以坐马侧身并以膀手消解师父拳势（封门），护手在师父拳头外门立即变按手按下师父拳头（占桥），寻得空门膀手握拳在按手上面穿出直打师父面门；

师父看到弟子手影击来，急抬肘膀手封住空门（封门），护手辅之；

师父护手再变按手按下弟子拳头（占桥），膀手变拳在按手上面穿出直打弟子面门；

弟子驾轻就熟再以膀手化解（封门）。

师父教路：

膀手护手坐马，关键要一气呵成！

离手对拆——同侧手换边膀手冲拳

[1]

[2]

[3]

[4]

[5]

[6]

[7]

动作详解：

师父（左）：	弟子（右）：
[1] 钳阳马左问路手（同时）	[1] 钳阳马右问路手（同时）
[2] 左上步左冲拳（先）、右护手（不变）	[2] 右坐马右膀手（后）、左护手（不变）
[3] 左握拳、右护手（不变）	[3] 左按手（先）、右握拳（同时）
[4、5] 左按手、右冲拳（先）	[4、5] 左膀手、右护手（后）
[6、7] 右膀手、左护手（后）	[6、7] 左冲拳、右护手（先）

●动作要领：

师父上步冲拳主动进攻，弟子不退以坐马侧身并以右膀手消解师父拳势（封门），左护手在师父拳头外门立即变按手按下师父拳头（占桥），寻得空门膀手握拳欲在按手上面穿出直打师父面门；

师父洞察弟子意图，左拳立即变按手按住弟子左桥（占桥），右手变拳后发先至再打弟子面门；

弟子弃攻为守，以左膀手消解后（封门），右护手再变按手按下师父拳头（占桥），膀手变拳穿出直打师父面门；师父从容再以右膀手化解（封门）。

■易犯错误：

连续冲拳方在按手封桥时未给力；

按手和冲拳不配合。

师父教路：

连环冲拳并非简单，需另一只手配合。两手消打同时一心二用，暗藏变化，须细心揣摩！

离手对拆——膀手换手冲拳

[1] [2] [3] [4] [5]

动作详解：

师父（左）：	弟子（右）：
[1] 左膀手、右护手（后）	[1] 右冲拳、左护手（先）
[2] 左按手、右握拳（先）	[2] 右握拳、左护手（不变）
[3] 左按手、右冲拳（先）	[3] 左膀手、右护手（后）
[4、5] 右膀手、左护手（后）	[4、5] 右按手、左冲拳（先）

●动作要领：

弟子冲拳主动进攻，师父以坐马侧身并以左膀手消解弟子拳势（封门），左手立即乘势入弟子内门按住其左护手（占桥），换成右手变拳直打弟子面门；

弟子弃攻为守，以左膀手消解后（封门），右护手再变按手按下师父拳头（占桥），膀手变拳穿出直打师父面门；师父从容再以右膀手化解（封门）。

■易犯错误：

膀手变按手不坚决，贻误战机；

按手和冲拳不配合。

师父教路：

此招奥妙全在膀手变按手，既要以无情力压制对方护手（封桥），又要以己之桥手将对方冲拳桥手挡在外门（挡桥），也是一手二用之法！

离手对拆——标手按打

[1]

[2]

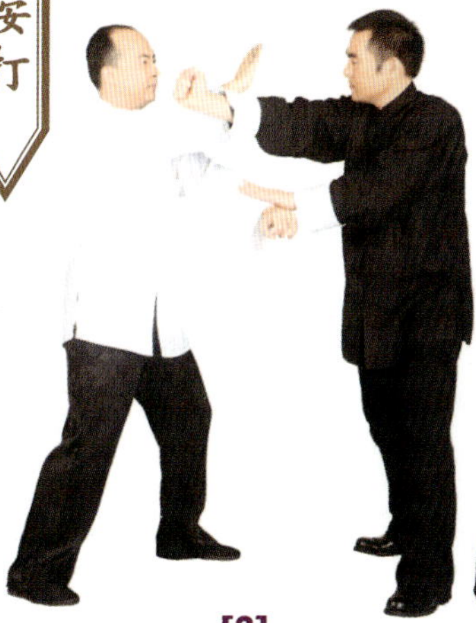

[3]

[4]

[5]

动作详解：

师父（左）：	弟子（右）：
[1] 左冲拳、右护手（先）	**[1]** 右膀手、左护手（后）
[2、3] 右标手、左握拳（后）	**[2、3]** 左按手、右冲拳（先）
[4、5] 右按手、左冲拳（先）	**[4、5]** 双手受制（后）

■易犯错误：

标手变按手过慢，令对方桥手走脱；

按打时步法没有配合走位。

师父教路：

手法纯熟只能赢一半，步法身位更重要！紧记：腰、桥、马合一！

●动作要领：

师父上步左冲拳主动进攻，弟子不退以坐马侧身并以右膀手消解师父拳势（封门），左护手在师父拳头外门立即变按手按下师父拳头（占桥），寻得空门膀手握拳以直冲拳击向师父正面；

师父左手受制，右护手立即起标手截击弟子冲拳（封门）；

师父步法身位配合转内门为外门（过门），标手变按手以无情力控制弟子右肘外门（占桥），左手立即冲拳直打弟子侧面。

离手对拆——连消带打、内门转外门之一

[1]

[2]

[3]

[4]

[5]

动作详解：

师父（左）：

[1] 左冲拳、右护手（先）

[2、3] 右拍手、左握拳（后）

[4、5] 左标手、右冲拳（先）

弟子（右）：

[1] 右膀手、左护手（后）

[2、3] 左按手、右摆拳（先）

[4、5] 左拍手（后）、右摆拳（不变）

●动作要领：

师父上步左冲拳主动进攻，弟子不退以坐马侧身并以右膀手消解师父拳势（封门），左护手在师父拳头外门立即变按手按下师父拳头（占桥），寻得空门膀手握拳以摆拳甩击师父侧面；

师父左手受制，唯有立即起右手拍击弟子摆拳（封门）；

师父转守为攻，左手直上标手控制弟子右肘内门（占桥），右手毫不犹豫冲拳直打弟子内门心口；

弟子右手受制，唯有以左拍手消解师父拳势（封门）。

[6]

[7]

[8]

[9]

[10]

动作详解：

师父（左）：	弟子（右）：
[6~8] 左按手、右拦手（先）	**[6~8]** 身形受制（后）
[9、10] 左按手、右冲拳（先）	**[9、10]** 身形受制（不变）

■易犯错误：

标手未变按手将对方手按下；

拦手未能控制对方桥手。

●动作要领：

师父见弟子封住内门，立即将标手变按手按下弟子右手（寻桥），同时侧身上步以右拦手将弟子右手拦下（占桥），此时师父已由弟子内门转到外门（过门），弟子身形尽失；

师父抓住战机，左按手以无情力控制弟子肘部（占桥），右手冲拳直打弟子侧面。

师父教路：

此组合手法变化较多，然万变不离其宗：寻桥占桥、入门封门、内外移形、控肘为上、消打同时、连绵不绝！

离手对拆——连消带打、内门转外门之二

[1]

[2]

[3]

动作详解：

师父（左）：

[1] 左冲拳、右护手（先）

[2、3] 右拍手、左握拳（后）

弟子（右）：

[1] 右膀手、左护手（后）

[2、3] 左按手、右摆拳（先）

●动作要领：

这与练习七开始的情形是一样的，弟子摆拳弧线击打，师父拍手封门。变化在后面。

[4]

[5]

[6]

[7]

[8]

动作详解：

师父（左）：	弟子（右）：
[4~6] 左摊手、右冲拳（先）	[4~6] 身形受制（后）
[7、8] 左按手、右冲拳（先）	[7、8] 身形受制（不变）

■易犯错误：

摊手未给力控制对方桥手；

按手未继续加力控制对方桥手。

●动作要领：

师父左手沉肘发力向上摊手解脱弟子按手控制（拆桥），摊手黏住对方桥手发力令弟子身位变形（占桥），此时师父步法身位配合已经由弟子内门转到外门（过门），右拳逢空即入击打弟子下腹；

师父连绵进攻，摊手变按手继续加力控肘（占桥），右拳再加一拳击向弟子侧面。

师父教路：

外门有两边，能走一边是一边！

离手对拆——抽桥按打

[1]

[2]

[3]

[4]

[5]

[6]

[7]

动作详解：

师父（左）：	弟子（右）：
[1] 左冲拳、右护手（先）	**[1]** 右膀手、左护手（后）
[2、3] 右护手、左握拳（后）	**[2、3]** 左按手、右冲拳（先）
[4、5] 右格手、左冲拳（先）	**[4、5]** 身位受制（后）
[6、7] 左按手、右冲拳（先）	**[6、7]** 身位受制（不变）

●动作要领：

师父上步左冲拳主动进攻，弟子不退以坐马侧身并以右膀手消解师父拳势（封门），左护手在师父拳头外门立即变按手按下师父拳头（占桥），寻得空门膀手握拳以冲拳直打师父正面；师父左手受制，幸有右护手在后起手变格手截击弟子冲拳桥手外侧（封门寻桥）；

师父格手变按手以无情力控肘（“一伏二”），左手脱手抽回（抽桥），步法身位配合走位（过门），转守为攻，左手在弟子外门冲拳直打弟子侧面，得手后不假思索左拳变按手下落控肘（“一伏二”），右拳同时击中弟子下颌。

■易犯错误：

格手变按手不及时；

两次按打两手配合不同步。

师父教路：

拳无三下手，简单实用最好。

离手对拆——交叉手按打拦打

[1]

[2]

[3]

[4]

[5]

[6]

[7]

动作详解：

师父（左）：

[1] 右问手、左护手（同时）
[2~4] 左按手、右冲拳（先）
[5、6] 右拦手、左冲拳（先）
[7] 右拦手、左冲拳（先）

弟子（右）：

[1] 右问手、左护手（同时）
[2~4] 左拍手（后）
[5、6] 身形受制（后）
[7] 身形受制（不变）

■易犯错误：

拦手与步法身位配合不到位；

拦打时没有迫马加力令对方走脱。

师父教路：

桥上过门用拦手，他防上来我打下。

●动作要领：

双方以交叉手做问路手，伺机而动；

师父问手突然抽回握拳（抽桥），左护手同时前伸变按手将弟子右肘压下（占桥），右拳立即冲拳直打弟子正面；弟子右桥被占，左手立即横拍（封门）；

师父冲拳被阻，立即变为拦手在弟子桥手上面配合步法身位转到外门（过门），左拳同时击打弟子右腰；

师父拦手加力控肘（占桥），连环击打，上步左拳再击向弟子侧面。

附录 APPENDIX

一、佛山功夫拜师通则

1. 主持人宣布典礼开始。

2. 击鼓鸣钟、奏黄钟大吕的音乐。

3. 见证人在台上香案两侧就座（见证人：门派内长辈、武林名宿等）。

4. 主持人介绍到会各门派人士。

5. 引师人引学生从观礼席中央通道走过，从拜师台两侧上台站定位，请行礼弟子至香案前面向本门祖师画像（传统形式：引师人在前引路，母亲挽着子女的手，父亲在后挑着谷子、酒坛等拜师礼物）。

6. 为人师父、师母者面朝香案就位（男左女右）。

7. 全体肃立。

8. 师父、师母率众学生向师祖画像或牌位行上香礼，师父念《禀师祖辞》后率众人分别三鞠躬上香献爵。

9. 师父、师母就座太师椅（男左女右），弟子分列左右。嘉宾请坐。

10. 家长代表（子女监护人）上台宣读拜师帖，恭敬交与引师人。引师人转交师父。

11. 引师人将学生引至师父、师母前跪下，由师父问："你欲入我门下，是否心从所愿？"答："弟子心从所愿！"逐一递上利市、学金给师母，说："请师父收我为徒！"

12. 斟茶拜师。学生以跪姿叩头后奉茶，说："请师父、师母饮茶！"师母回利市。

13. 师父宣读收徒帖，并将收徒帖及本门信物逐一交众弟子。

14. 见证人代表宣读见证帖并盖印。

15. 师父宣读本门戒律。问："以上本门戒律，你等可曾铭记于心？"众弟子答："弟子誓铭记于心！"

16. 新入门弟子跪礼见过师公、师伯公、师叔公、师伯、师叔等本门前辈，师父逐一引见。

17. 新入门弟子抱拳揖礼，见过师兄弟、师姐妹等同门，大师兄或大师姐逐一介绍。

18. 弟子演练本门武功。与师父一起抱拳谢各门派人士，师父请各路英雄日后关照本门弟子。

19. 主持人宣布："礼成！"

20. 拜师宴（必须有以下菜式："清水菜心"寓意"开枝散叶"；"生菜滚粥"寓意"师门足食"）。

师傅与师父的区别：

师傅是泛指具有特殊知识、技能之人，与老师同义。而双方经过正式收徒拜师仪式之后才可形成某一门派里师父和徒弟的关系。“师父”即“一日为师，终生为父”之意，而师父的夫人即是“师母”。中国最著名的师徒是谁？请参看《西游记》。拜师传统自古有之，分文武两种，以山东曲阜孔府和广东佛山功夫各为代表。

二、叶问咏春无忧堂学规及传承表

无忧堂学规

梁旭辉师父 编订

中华武术，源远流长；佛山功夫，世人敬仰。
元甲精神，宇内长存；爱国情怀，千古流芳。
问公风骨，咏春精华；剑胆琴心，张弛有方。
修身助人，兼济天下；正义常驻，挺直脊梁。
德行第一，武艺第二；文事武备，切勿偏荒。
尊重传统，尊敬师长；同门互助，团结友邦。
福贤锦华，升平永安；薪火相传，辈分勿乱。
医武同源，兼修内外；修为无境，自省为尚。
损人利己，武林不耻；勿较得失，耐苦同甘。
唯念正念，笃行正行；言教身授，传我正传。
拳不离手，励志自强；遵我门规，护我门墙。
今示诸生，铭记勿忘；天涯海角，共勉同扬。

叶问咏春无忧堂传承：

五枚（创拳）——严咏春（始祖）——梁博俦（咏春丈夫）——梁兰桂（族侄）——梁二娣、黄华宝（红船粤剧伶人）——梁赞（佛山赞先生）——陈华顺、梁碧和（赞先生之子）——叶问（一代宗师）——张卓庆（李小龙师兄）——梁旭辉（无忧堂创始人）——福——贤——锦——华——升——平——永——安……

注：“福贤锦华，升平永安”为无忧堂字辈排序，取自佛山古老路名：福贤路、锦华路、升平路、永安路。

后记 POSTSCRIPT

我研究咏春拳至今十余年，可以说这本书的筹备时间也经历了这么长的时间。

文武异曲同工，殊途同归。功夫和文字都需要长期的积累，厚积薄发。这些年里，我得到的鼓励和帮助不计其数，在此要特别感谢以下人士：

梁赞宗师的曾孙梁文乐前辈以及游善碧女士无偿提供关于“佛山赞先生”的家乘资料；

世界咏春联会主席、叶问宗师长子叶准先生，香港咏春联会主席、《叶问》电影出品人冼国林先生的序言，以及咏春新生代、功夫影视新星杜宇航和陈嘉桓的推荐语；

岭南各精武友会：香港卢伟强主席、澳门梁忠灵会长、广州招德光会长的帮助；

佛山精武体育会各会长：精武拳罗润作、鹰爪拳杜睿、太极拳郑玲、白眉拳陈幼民、永春拳江润金、洪拳吴德明、少临南家拳张松清、咏春拳高原的鼎力支持；

佛山咏春众多“梁师父”：梁士秋会长、梁湛声会长、梁健华馆长、梁楠馆长、梁泽广理事等兄弟多年的拳法交流和战斗友谊；

姚才咏春派霍超师伯和阮奇山咏春派梁牛师伯摒弃门户之见的赐教；

阮奇山嫡孙阮祖棠师父欣然提供家乘资料；

佛山摄影师谭兼之为我和中外弟子拍摄了四次外景；

中国咏春剪纸第一人、佛山现代剪纸艺术家邓燕平女士的剪纸作品；

佛山“风舞星原”动漫工作室创作总监岑伟锋及其团队的漫画创作；

暨南大学新闻学胡莎丽硕士的义务文案策划；

辽宁科学技术出版社社长宋纯智先生和灵智伟业文化传播有限公司总编辑朱凌琳女士对本书出版所给予的大力支持；

灵智文化的策划团队和迪俊图影视的谢智良先生及其团队的精良制作；

提供帮助者甚多，未能一一尽录。

最后特别感谢家师张卓庆教授，他以古稀之年来佛山将其平生绝技尽心回传，并鼓励我大胆开拓创新，师徒情缘足慰平生。

成事不易，但求尽力。本书能让读者对咏春拳有所了解，激发学习功夫的一点兴趣，从中学到咏春拳的一些要领，我就感到十分欣慰了。

梁旭辉

2012 年 2 月于佛山

2011年11月26日梁旭辉在马来西亚获得亚太公开大学武术哲学博士学位

2011年8月3日作者在咏春著作首发会

2011年8月作者向佛山市长刘悦伦赠送咏春著作

2011年8月作者在香港向叶问宗师长子叶准先生赠书

2011年10月22日少林鹅坡武术专修院梁少宗院长（左）转交释永信方丈题词给作者（中间为佛山市体育局杨振富局长）

2011年11月佛山咏春师父代表中国参加世界咏春擂台赛扬威马来西亚

2011年11月28日梁旭辉应邀在马来西亚怡保市杨紫琼家中作客，赠送咏春著作给杨紫琼，由其母亲谭惠珍女士接受

梁旭辉2010、2011连续两年获得马来西亚首相拿督斯里纳吉阿都拉萨签发的武术成就奖（左为首相秘书）